A QUELLES CONDITIONS

LA

RÉPUBLIQUE

(Ou une MONARCHIE)

EST POSSIBLE, COMME NOUVEAU ET DERNIER GOUVERNEMENT DE LA FRANCE,

SUIVI

DE CONSIDÉRATIONS

Sur les fausses Questions

Soulevées par les idées démocratiques, socialistiques,
et même réactionnaires,
subversives de l'ordre dans le monde.

RÉPONSE

AUX CONFESSIONS D'UN RÉVOLUTIONNAIRE

(M. P.-J. PROUDHON),

PAR LAZARE AUGÉ.

———❖———

PARIS,

LIBRAIRIE PHILOSOPHIQUE DE LADRANGE,

Rue Saint-André-des-Arts, 41.

1850

PRÉFACE.

L'ouvrage présent, aujourd'hui offert au public, est le produit de profondes études, long-temps méditées, se rattachant à de vastes desseins, à de plus vastes desseins qu'à celui de la politique (réalité de l'État), à laquelle l'application en est présentement faite, en un mot, à ceux qu'implique la philosophie, cette *science de toutes les réalités de l'univers*.

A l'aspect de nos malheurs publics, non pas seulement de la France, mais encore de l'Europe entière par le fait de la France, aurais-je été trop ambitieux que de tenter d'y porter le remède? J'ai, du moins, sondé la plaie, et j'ai osé y appliquer le baume. Plus qu'aucun autre peut-être, je me suis senti la noble ambition de mon aptitude. Assez heureux pour m'être voué au service des doctrines morales du plus grand des philosophes modernes; plus heureux encore d'avoir joui du bonheur et de l'honneur de l'approcher pendant une période de bien des années, sinon comme un élève qui en reçoit les leçons instructives, au moins comme un homme qui manifeste sa vocation, aurais-je donc été assez stérile dans mes études et dans ma perspicacité, pour ne point tirer un fruit efficace et de mes études propres et de mon application à entendre la parole fréquente de l'homme illustre, auprès de qui tout problème a sa solution?

Telle était la disposition de mon esprit et de mon savoir, lorsqu'éclata la funeste (dans le présent) et sinistre (pour l'avenir) révolution de 1848.

Inconscient de mon propre acquit, la question problématique du mal politique par trop manifeste, tourmentant mon esprit, je portai, pendant de longs mois, le problème et sa solution. Et c'est après cette profonde et longue méditation, que surgit le présent travail, sorti tout armé de mon cerveau, comme Minerve (pour la sage conservation du monde) de celui de Jupiter ; image concrète de l'époque où ce mythe admirable prit naissance, qui compète merveilleusement au mouvement intellectuel de la nôtre, pour en donner la règle (loi).

Toutefois, le doute m'assiégeait encore, et l'ouvrage resta inconnu jusqu'à ce jour où, ainsi qu'il est dit dans l'*ante-scriptum* suivant, les *Confessions de M. Proudhon* m'ont sorti de mon ataraxie (absence de zèle). Ne serait-ce pas aussi que plus de maturité, en couvant mon problème, m'a donné plus de conviction propre ? Il y a bien quelque chose comme cela dans ma détermination. — De sorte que, décidé à produire ce grand œuvre (qu'on me pardonne cette expression paternelle), grand entre tous, car il implique la pacification de ce faux monde universel de la révolte, à laquelle tant de nobles esprits travaillent, je voulais cacher mon orgueilleuse et peut-être insuffisante prétention sous le modeste voile du mystère ; mais la perplexité vint encore poindre dans mon âme inquiète. Mon ouvrage est, dans toute sa réalité, une étude des volumineuses publications de l'illustre philosophe,

qu'il faut enfin nommer, HOËNE WRONSKI, publications com-
mencées dans le *Sphinx* en 1818, continuées par le *Prodrome*
en 1831, par la *Philosophie de la Politique*, la *Philosophie
de l'Histoire* en 1840, les *Prolégomènes de la Philosophie
absolue* en 1842 et 1843, etc., et couronnées par la *Réforme
du savoir humain*, en 1848 : étude appliquée à la politique, à
celle de notre période présente, mais contenant plus que de la
politique bâtarde à l'ordre du jour ; étude, dis-je, faite peut-
être pour porter le public à croire, dans l'*ignorance du nom
d'auteur*, s'il n'y avait été apposé, qu'un tel ouvrage pourrait
bien appartenir à l'illustre philosophe lui-même. — Qu'on ne
se hâte point de me décerner l'injuste appellation qui convient
à la présomption. M. H. Wronski a peu de lecteurs, et parmi
eux, peu d'intelligents investigateurs (pourquoi pas le dire ?).
— Dans cette situation intellectuelle de ces mêmes lecteurs
peu éclairés, chez lesquels je pourrais, sans doute, tomber en
lecture, à quoi tiendrait-il donc que ce qui m'est propre avec
tous ses défauts, ne fût attribué au grand auteur lui-même, au
milieu de sa gloire incontestée ? N'est-ce pas assez pour moi,
non comme un larron, mais comme le serviteur qui tient le
flambeau de son maître, de donner l'interprétation de ses œuvres, sans lui faire encourir le défaut peut-être inhérent à
mon travail, assez justifié, je l'espère, en face de nos désordres publics, sinon par ma hardiesse, au moins par ma loyauté ?
L'anonyme ne m'était donc pas permis. — Sauvé-je ainsi
mon inquiète susceptibilité, celle qui s'attache toujours à
l'*idée nouvelle* lorsqu'elle n'est pas soutenue par un nom

connu, de la poursuite de ces oiseaux de nuit qui croassent devant l'objet lumineux ; de quelque vaudevilliste ayant reçu de Dieu le privilége de la science universelle, depuis celle de se jouer, le soir, des choses sacrées de l'existence humaine, jusqu'à celle de prétendre en *raisonner* le matin, ou de quelque rédacteur en vue d'ordre... (je ne sais lequel, car, au milieu de notre désordre, tout le monde veut produire *son* ordre), qui crieront à l'utopie, à l'idéalisme, au néologisme, peut-être même au mysticisme, tant sont rationnels (réalistes) nos nominalistes du jour ; mais sans doute pas à l'immoralité, car chez eux, il y a absence du contraire?... Ces aboyeurs, au moins, ne s'attaqueront point à une ombre.

ERRATUM.

Page 65, ligne 23, au lieu de *autorité,* lisez *auto-souveraineté.*

ANTE - SCRIPTUM.

Il n'y a qu'une seule vengeance honorable
à tirer de *lui* : c'est de raisonner contre lui,
mieux que lui.

JOSEPH DE MAISTRE.

C'est, d'une part, avec une sorte de répu-
gnance que je livre à la connaissance publique, l'ouvrage présent, déjà composé dès le
mois de décembre 1848, à cause des lumières
qu'il doit supposer dans l'esprit du lecteur;
mais, d'autre part, n'est-ce pas un devoir de
le livrer à l'étude attentive des hommes,
lorsque le génie de l'enfer, avec toute sa
flexible tortuosité, jette ses dards envenimés
dans la brûlante question de la vie des peuples et de leurs gouvernements? L'ouvrage
de M. Proudhon, *les Confessions d'un Révolutionnaire,* aura donc été la cause occasionnelle de
ma publication.

J'avais d'abord conçu le projet de prendre
mon homme corps à corps, de faire le sque-
lette de sa bête féroce, d'en détruire la ma-
gique et hideuse *beauté* par la voie apogogique d'une réfutation ou réduction à l'absurde,
à l'instar de ce que, sous Calvin, un de ces
nombreux dissidents du protestantisme fit
par un pamphlet intitulé : *Absurda absurdorum,
absurdissima Calvinistica absurda,* etc., et de répon-

dre ainsi à l'analogue par l'analogue, à la mystification par l'ironie. Mais, j'ai senti l'insuffisance de mon esprit, porté de sa nature, à la didactique sérieuse de la composition; et, sous la seule présomption de ce qu'à la lecture de la dite *Confession* de cet infernal et insolite révolutionnaire, tout lecteur, soit qu'il partage les opinions de ce funeste auteur, l'acclamerait encore plus, pour poursuivre le stérile idéal de son système dissolvant par ses prémices et diabolique dans sa conclusion, soit qu'il n'ait pas le savoir suffisant pour s'en faire la réfutation par une réprobation intellectuelle et morale, pourrait peut-être le recevoir, dans le scepticisme qu'il provoquerait, comme, au moins, un problème suspensif que le temps résolverait; sous cette préoccupation, dis-je, je n'ai eu rien de mieux à faire que de sortir de mon inertie, et que d'opposer mon système né des lumières actuelles de l'humanité, à son système de la sauvagerie. Le lecteur jugera *si mon idée*, à moi, *est immortelle* (*vivo ego in æternum*), et si l'immortalité de M. Proudhon n'est pas celle prédite dans '' *nocalypse*, par ces mots : *La bête que vous avez vue, était et n'est plus* (*bestia, quam vidisti, fuit et non est*).

A QUELLES CONDITIONS

LA

RÉPUBLIQUE

(Ou une MONARCHIE)

EST POSSIBLE, COMME NOUVEAU ET DERNIER GOUVERNEMENT DE LA FRANCE.

⁕❈❉❈◊❈❉❈⁕

Qu'est-ce que la République? Une *forme* de gouvernement où l'autorité juridique se répartit dans l'universalité des membres de l'État, contrairement à la monarchie, où la même autorité se trouve n'exister que dans un seul membre de l'État. La différence de ces deux formes tient à des conditions anthropologiques, à l'essence morale de la Nation chez laquelle l'une ou l'autre de ces formes subsiste. Toutefois, lorsque, dans un pays comme la France, l'esprit révolutionnaire se manifeste incessamment, sans doute dans un but de rénovation, quoique inconnu, il peut être

1

dit que la forme de l'autorité, république ou
monarchie, qui en résulte, est chose peu im-
portante, et que c'est le *contenu* qui importe.
A ce titre, sommes-nous bien venus à pro-
tester contre cette prétendue *impossibilité d'établir la République dans un État chrétien*, aux termes
d'un opuscule qui en énonce la prétention,
sans d'ailleurs la fonder, cette impossibilité?
Et en effet, si la République, en tant que gouvernement par la pure action des hommes,
avait à s'établir, il nous semble que ce serait
plutôt dans les États chrétiens, sur les bases
du christianisme, qui comportent plus de développement de la raison, que dans d'autres
États qui y seraient étrangers, comme chez les
Musulmans, par exemple. Mais, ce n'est point
d'un tel ouvrage rapsodique, incohérent, que
nous ayons à nous occuper; il s'agit de donner
la théorie du nouveau et dernier gouvernement de la France, en nous fondant sur les
progrès politiques, suites du progrès des lumières. Et c'est ce que nous allons essayer de
faire sous les deux aspects différents, de la
gestion morale des États, et de l'économie
matérielle des États. — Tout d'abord, envi-

sageons la première question, la question purement politique.

Pour cela, et en considérant, au préalable, que le monde civilisé, dont la France comme toute autre nation européenne fait partie, est dépositaire du progressif développement antérieur de l'humanité, nous devrons en caractériser la marche, afin d'en appliquer les produits à notre période actuelle. Or, à prendre cette marche progressive à partir des temps historiques, les peuples anciens de l'Orient nous signalent, pour l'obtention de leur bien-être physique, un gouvernement sacerdotal ou *théocratique*, auxquels succèdent, dans l'affaiblissement de leurs forces à satisfaire au but moral dont l'homme postule l'acquisition, les peuples classiques de Grèce et de Rome qui, après l'avoir réalisé dans un gouvernement *aristodémocratique*, succombent à leur tour devant la recherche du but religieux dont l'homme sent la conscience dans son être, ainsi progressivement développé. Les peuples chrétiens réalisent donc ce troisième but, le but religieux, par un gouvernement *représentatif* des droits éthiques et civiques de l'homme, constitué,

par l'Église et la suzeraineté, dans la réduction de l'esclavage en simple servage, qui
n'est plus qu'une simple donation du travail
sans atteinte à la dignité de l'homme, et, par
l'établissement des communes, dans une ex-
tension de la liberté qui donne lieu à de nouvelles conditions politiques, nommément, par
les parlements, à leur réaction sur l'autorité
politique. — Toutefois, l'homme, éveillé par
l'idée de sa grandeur ou de sa réalité, que lui
révèle la religion chrétienne, veut en accomplir l'objet, pour lequel le gouvernement antérieur sent son impuissance. Il en revendique l'accomplissement dans la conquête de ses
droits, aidé en ce noble but par le protestantisme, qui n'est que l'examen de la raison, ou
l'idée spéculative des réalités de toute l'activité humaine, entre autres de ses droits politiques. Et le gouvernement *constitutionnel*, qui
est le fruit de ce quatrième développement,
en impliquant la souveraineté divine des États
de la période religieuse précédente, concur-
remment avec la souveraineté humaine des
États, trouvée dans les droits de l'homme en
suite de sa spéculation rationnelle, résume

ainsi les quatre grands buts obtenus, à savoir :
le but du bien-être physique et le but du bien-
être hyperphysique ou religieux représentés,
à l'époque dont nous parlons, par le parti de
la souveraineté divine dans l'autorité individuelle d'un monarque que veulent ses nombreux adhérents; et à savoir, le but moral et
le but postulé de la réalité de l'homme, représentés également à l'époque dont nous parlons, par le parti de la souveraineté humaine,
sinon encore dans l'autorité universelle des
membres de l'État, au moins dans la prétention de l'exercer : buts quadruples, et doubles
partis qui se concentrent, ainsi que nous venons de dire, pour résumer le développement
progressif de la raison humaine. — Les faits
viennent effectivement appuyer cette déduction. Les gouvernements de l'Allemagne et
surtout celui de l'Angleterre en signalent l'accomplissement. Pour ne parler que du gouvernement de ce dernier pays, rien n'y est-il
plus radicalement constitué? Qu'est-ce que la
chambre haute et la chambre basse du gouvernement britannique, si ce n'est les conditions constitutionnelles et inébranlables de

l'autorité morale par la première, et de l'autorité nationale par la seconde, subsistant
l'une à côté de l'autre, sans conteste, dans
une combinaison de l'une et de l'autre par
l'autorité de la raison qui les reconnaît, qui
veut absolument cette combinaison? — Aussi,
dans ce pays, une révolution, à l'instar de celle
du 24 février en France, est-elle impossible.
Sa chambre haute y a des racines différentes
de la chambre-haute des constitutions de
France, émanées de Louis XVIII et de l'avé-
nement de Louis-Philippe. Et c'est ce que
confirment ces paroles du *Spectateur de Londres* :
« Toute représentation qui ne représente rien
» est un mensonge, un embarras dans les
» temps ordinaires, un néant quand survien-
» nent les difficultés... Telles étaient la cham-
» bre des Pairs de la Restauration et celle du
» gouvernement de Louis-Philippe... Il n'en
» est point ainsi en Angleterre. La chambre
» des Lords est la représentation d'intérêts
» très-grands, très-vrais, très-réels, reposant
» sur l'influence matérielle et morale d'une
» grande propriété héréditaire et perpétuée
» par le droit d'aînesse et sous l'influence

» non moins prépondérante d'un clergé riche
» et d'une religion d'État ; intérêts opposés à
» d'autres intérêts également importants et
» vrais que la chambre des communes a mis-
» sion de défendre, reposant à leur tour sur
» les grands intérêts commerciaux et indus-
» triels... Aussi, malgré les discussions, pou-
» vant devenir disputes et même combats, la
» chambre des communes ne saurait s'em-
» parer de tout le pouvoir, sans trouver un
» obstacle insurmontable dans la chambre des
» Lords... En France, comme l'exemple l'a
» prouvé, les choses se sont passées autre-
» ment : la chambre des Pairs a été renvoyée
» purement et simplement comme un loca-
» taire dont on ne veut plus ; c'est que la
» chambre des Pairs, soit avec l'hérédité, soit
» sans l'hérédité, ne représentait rien... En
» France, si l'élément industriel, mobile, con-
» centré dans une chambre basse exclusive de
» l'autre, et si l'élément territorial, conser-
» vateur, concentré dans une chambre haute
» également exclusive, eussent été en pré-
» sence avec leurs forces respectives, le con-
» flit advenant, c'est-à-dire, la chambre in-

» dustrielle menaçant la chambre territoriale,
» celle-ci, avec ses clients, eût trouvé, au
» besoin, des armes pour se défendre, et la
» révolution ne se fût point faite... » — Mais
le gouvernement constitutionnel, ainsi que
nous venons de le caractériser dans sa splen-
dide vérité, n'est point dans la convenance
des Français. — Reprenons.

Il est avéré que, dans la marche ascendante ci-dessus signalée, rien n'est arbitraire,
mais qu'au contraire tout y est développé par
une nécessité qui tient à l'essence morale
même de l'homme. — Toutefois, et toujours
en vertu de cette essence humaine, postulant
des buts infinis, sans doute l'accomplissement
des destinées finales de l'homme, fait à *l'image
de Dieu*, la France semblerait condamnée (j'ac-
quiesce à ce mot qui, en prouvant sa douleur,
prouve aussi sa gloire) à voir ses tourmentes
politiques, à poursuivre, à des risques pénibles, la recherche de buts ultérieurs, autres
que ceux signalés dans les quatre périodes
précédentes. — Et si c'était là l'explication de
ses incessantes révolutions? En effet, la révolution française, la première, provoquée par

des causes analogues, faciles à produire, dé-
chire toutes les existences consacrées par le
temps et dans l'espace, c'est-à-dire, par l'obtention des quatre grands buts réalisés, mé-
connaît, dans son agitation insouciante de
tout frein, toute intervention étrangère aux
droits de l'homme, conséquemment une partie, la partie morale de l'autorité des États.
Une erreur aussi formidable ne put durer, et
Napoléon, par son instinctif génie politique,
rétablit l'équilibre des deux souverainetés par
l'union, dans sa propre personne impératrice,
des deux principes qui les constituent, ces
souverainetés. Il tenait l'autorité nationale,
de la liberté humaine, conquise au nom des
droits de l'homme; il s'appliqua lui-même
l'autorité morale par qualité divine, qui man-
quait aux lois impuissantes du gouvernement
révolutionnaire auquel il succédait. — A quoi
a-t-il donc tenu que cet ordre de choses, vrai,
seul pondérateur de l'équilibre, ne se soit pas
perpétué? Serait-ce que les lumières de nos
contemporains sont encore insuffisantes pour
acquiescer à cette haute réalité de l'association morale des hommes?... Un pas rétrograde

a succédé à l'empire de ce grand homme, car
la constitution donnée par la Restauration,
celle encore plus néfaste des jours de 1830,
caractérisent, sans doute par l'instinct inves-
tigateur de la nation française, une absence
de la susdite combinaison des deux autorités
souveraines, comme en Angleterre, absence
qui, trouvée dans la prétention exclusive des
deux partis, national et moral, à se vaincre
jusqu'à la destruction, caractérise, à son tour,
de la part des Français, un antagonisme fatal,
une antinomie, qui devait aboutir, en faveur
du plus fort, à survivre sur les ruines du
vaincu. N'est-ce pas ce que nous montre, à
deux reprises différentes, malgré les efforts
des gouvernements français de ces deux époques, les révolutions de 1830 et de 1848? Cette
double manifestation n'est-elle pas un signe
d'une recherche ultérieure, instinctivement
postulée par l'essence rationnelle de l'homme,
en vue de l'obtenir? Et pourquoi donc est-elle
toujours produite cette manifestation, en ces
trois mémorables époques, en 1789, en 1830,
et en 1848, par la victoire d'un parti plutôt
que par celle de l'autre, à savoir, par le parti

qu'on pourrait appeler *le parti du droit humain ?*
Serait-il apprécié que le parti vaincu, à savoir,
celui qu'on pourrait appeler *le parti du droit
divin,* a terminé la carrière spéculative de son
but ? Et pourquoi, enfin, la victoire obtenue,
les fruits n'en restent-ils pas aux vainqueurs ?
— Ces questions nous conduisent à de nouvelles considérations dignes d'être envisagées.

Et d'abord, il est supposable, bien plus, il
est certain que le parti vainqueur n'est pas
en possession de l'absolue vérité politique,
sans quoi 1789 nous serait resté avec ses conséquences. Ensuite, il est encore supposable
que la belle harmonie, faite par le génie de
Napoléon, n'avait pas de racines suffisantes
dans les lumières des hommes, puisque son
règne, quoique transitoire dans ses principes
encore relatifs, n'a pas eu de perpétuité par la
poursuite de son but commencé. Enfin, il est
notoire que le système exclusif du parti divin
sous la Restauration, et que le juste-milieu
modérateur du roi Louis-Philippe, par son
alternative exclusion des deux partis, *divin* et
humain, ne satisfaisaient point également aux
exigences des Français. Quel sera donc le

point de mire consolant et réparateur de nos vicissitudes politiques? Sera-ce la République de 1848? Mais, la souveraineté du peuple, au nom de laquelle elle a été établie, que l'on a enregistrée dans sa Constitution et que corrobore le conséquent suffrage universel, ne fait rien plus, à cause de sa base irrationnelle (encore conditionnelle) dans les lumières présentes, que pronostiquer le jeu permanent d'une conquête qui périra, pour faire place à une restauration contraire qui, à son tour, par l'analogue d'une combinaison trouvée dans la présence simultanée des deux souverainetés, à laquelle les *détenteurs actuels du pouvoir tendent déjà, et comme malgré eux,* produira, de nouveau et indéfiniment, un retour nécessaire aux sinistres perturbations de la vie politique : ce qui se manifeste également, en face de la nouvelle tendance du pouvoir actuel, par l'extrême gauche de l'Assemblée nationale, surtout par leurs réunions et leurs écrits privés, sans tenir compte de leurs sourdes menées. Serions-nous donc condamnés à ces incessantes révolutions périodiques d'un flux et d'un reflux d'un pôle droit au

pôle gauche et *vice versâ?* — Saurions-nous
rencontrer la solution de cette difficulté si
problématique dans l'adjonction économique
du bien-être physique des salariés (demandée
par les socialistes), au prétendu principe souverain du peuple? Mais, qui ne devine qu'il
n'y a, qu'il ne peut y avoir de connexion entre
l'Économie, science théorique, appliquée à
l'exercice du bien-être matériel pour la satisfaction de la nature inerte, *donnée* par le Créateur, et la Politique, science pratique, appliquée aux relations morales et libres, *créées* par
l'homme? On ne saurait comprendre, en
effet, que l'État, qui n'a d'autre objet, nul
autre, que celui de *garantir* le fait économique, comme tout autre fait humain, puisse
agir sur l'Économie, dont l'objet est de trouver, par les spéculations du savoir, les lois
du développement progressif du bien-être.
De même, saurait-on comprendre que l'Économie, qui n'a d'autre cause ni d'autres effets,
que celle des lois et que ceux de la production
du bien-être, puisse agir sur l'État, dont le
but, tout autant que les conséquences, constituent, par la coercition ou la contrainte à

la légalité juridique, une simple répression
à tout obstacle à ces lois du savoir en vue
de la production du bien-être? La prétention
d'une telle réunion, hétérogène en principe,
pour satisfaire à la rénovation du gouvernement pratique et moral des hommes, est donc
un raisonnement délusoire, purement para-
logique, si ceux qui l'avancent sont de bonne
foi, criminellement sophistique, s'ils veulent
tromper. — Dans ce cas, et après la revue de
tous ces aspects divers, il reste décidé que la
tourmente politique et le remède qu'elle appelle, consistent dans un problème nouveau
et dans la solution qu'il est urgent d'en obtenir. — Envisageons-les donc.

Or, pour ce qui concerne, d'abord, la fixation de la cause de cette tourmente politique
des Français, il est hors de doute, par les
motifs signalés plus haut, qu'aucune des organisations sociales antérieures, qu'aucune
des formes de gouvernements qu'ils ont eu à
subir et qu'ils subissent encore, ne sachant
leur convenir, par quoi s'explique de suite la
cause de cette tourmente, il y a lieu de considérer que ce n'est pas impunément qu'une

nation entière sera pourvue des forces nécessaires à briser tous les obstacles à ses vues,
législatifs, exécutifs, militaires, judiciaires
même, qu'implique leur assemblage gouver-
nemental. Cet ordre de choses tout insolite
de la part des Français, par rapport aux nations européennes, dont les mouvements
réactifs n'ont point, de leur part, le même
degré de similitude, pourrait bien être envisagé comme l'étendard providentiel levé pour
un nouveau et peut-être dernier but politique, qu'eux, les Français, auraient à constituer dans le monde. En effet, jusqu'à ce jour,
tous les États civilisés n'ont perpétué la durée
de leur vie sociale que sous le régime de la
justice, cette garantie de la liberté des actions
humaines, qui semblait le but final de l'association morale ou juridique des hommes,
c'est-à-dire, de leur établissement en société.
Or, si l'homme, en vertu de l'essence hyperphysique dont il est manifestement pourvu,
avait à se donner une autre existence que
celle de la terre, il serait immédiatement dé-
claré que la justice, ce but jusqu'alors définitif des États, et dont sciemment la réalisa-

tion ne peut être considérée que comme but
de l'existence temporelle, est insuffisante, et
qu'un but nouveau, celui qui, à son tour,
serait moyen politique ou moral pour l'obtention de l'existence spirituelle, devrait être
conquis par l'homme. Si cela était, et comment cela ne serait-il pas, en vertu de son
postulatum indéfini de la vérité, que confirment d'ailleurs les paroles sacrées de l'Écriture : « Dieu a créé l'homme immortel; il l'a
» fait pour être une image qui lui ressem-
» blât. » Il a perdu cet état par la chute. On
ne saurait le nier, chaque homme en possède
la preuve dans sa maxime intime du mal. Il
doit reconquérir son être perdu par la régénération spirituelle : « Personne ne peut avoir
» de part au royaume de Dieu, s'il ne renaît
» de nouveau (de l'eau et de l'*Esprit*). — Com-
» ment cela se fera-t-il? — Il viendra l'Esprit
» de vérité qui vous dira tout, et vous annon-
» cera les choses à venir. » Si, disons-nous,
cela était, et comment cela ne serait-il pas
en vertu de ces paroles conformes à la raison
investigatrice? alors, devrait s'expliquer, sans
contrôle ultérieur, et avec un assentiment

unanime, la présence providentielle sur la
terre d'une nation dont le destin consisterait
à conquérir cette grande et majestueuse fin,
et à la donner au monde. — Une telle assertion de notre part, quoique d'accord, d'ailleurs, avec les faits qui préoccupent si vive-
ment la France depuis sa première révolution, suffit, sans doute, pour en donner la
raison d'être, et postuler la fondation du problème nouveau du susdit but politique. —
Mais, en quoi consisterait donc ce nouveau
but? C'est là, dans notre déduction, le point
central qu'il nous reste à fixer.

Donc, puisque. comme nous venons de le
dire, la fin dernière de l'homme consiste à
reconquérir l'être perdu, c'est-à-dire, aux
termes de l'Écriture, à se donner l'immortalité, sa réalité absolue, il doit s'en suivre,
qu'une fois l'existence temporelle obtenue
dans toutes ses conditions par le but accompli dans la justice, ce doit être actuellement,
si ce premier but est effectivement accompli,
l'existence spirituelle qu'il s'agit d'obtenir
comme destinée finale de l'homme, à l'aide,
aussi, d'un nouveau but politique qui en faci-

lite ou au moins en garantisse l'accomplissement. — Voyons donc, encore, avant d'aborder ce but politique dernier qui doit nous
garantir l'obtention de notre réalité absolue,
comment, et si, en effet, s'est réalisé le but
primitif et politique de la justice qui a présidé à l'obtention de notre existence temporelle, c'est-à-dire, de notre réalité préparatoire.

Déjà, en faisant connaître le développement ascendant de l'humanité sur la terre,
nous avons eu l'occasion de l'envisager sous
la *forme* des quatre et uniques gouvernements
qui se sont constitués jusqu'à ce jour comme
une nécessité propre à l'établissement de
la dite existence temporelle, à savoir, les
gouvernements théocratique des Orientaux,
aristodémocratique des Grecs et des Romains, représentatif des peuples chrétiens, et
constitutionnel des peuples protestants. Si
maintenant nous faisons pénétrer, dans ces
formes, le *contenu* de ces gouvernements, nous
trouverons la *genèse* des relations sociales,
toujours conduites par le but, de plus en
plus agrandi, de la justice pour la formation

de ces relations terrestres en état de société.
Et c'est effectivement ce qui a lieu par ce
qui est donné à l'homme, dans son essence
morale, à savoir, par trois éléments ou conditions primitives, et par le jeu d'action et
de réaction de l'un sur l'autre de ces éléments jusqu'au besoin, par leur insuffisance,
de nouvelles conditions supérieures dans ces
éléments.

Ces trois éléments sont les suivants :

1° Les *lois sociales*, comme élément fondamental; lesquelles, à titre de garantie de l'ordre
dans les relations humaines, postulé par le
droit naturel et le fondant même, sont constitu-
tives de l'autorité légale ou de la *souveraineté de
la raison*, d'où se détachent, pour pouvoir réaliser cet ordre dans les relations, comme les
impliquant immanentalement;

2° Les *lois morales*, à titre de garantie de l'ordre social, fondées, en tant que ces lois sont
données par le Créateur et non créées par l'homme, sur la *direction divine*, lesquelles constituent
la souveraineté de *droit divin*; et

3° Les *lois pragmatiques*, toujours à titre de garantie de l'ordre social, fondées, en tant que

l'homme a des buts *sociaux* et des buts *propres*
à réaliser, sur les *fins humaines* ; lesquelles constituent la souveraineté de *droit humain*.

Ce sont là les trois éléments primordiaux
d'où dérive toute organisation systématique
de la société. Il n'y en a pas d'autres. Et l'une
ne saurait subsister sans l'autre, à moins de
voir pénétrer, dans le système social, c'est-à-
dire dans la souveraineté de la raison, l'erreur
et par conséquent l'impossibilité de l'ordre.
Sous leurs auspices, l'existence temporelle se
réalise par les lois pragmatiques ou les fins
humaines, et la garantie s'en fait par les lois
morales ou la direction divine.

Donc, en premier lieu, et nous entrons de
suite dans les *temps historiques,* préparés, de longue main, par les *temps traditionnels* où s'opéra
le jeu, de plus en plus agrandi, de ces trois
susdites conditions primitives, si l'autorité légale ou la souveraineté de la raison, prototype
du droit naturel de l'homme, ou son premier
élément constitutif et régulatif de tout système
de relations sociales, se combine de préférence
aux lois pragmatiques, avec les lois morales,
pour les y faire prédominer, lesquelles cons-

tituent la souveraineté divine, comme nous venons de le voir, il se formera une association *sentimentale* des hommes, reposant sur la religion, où se développera particulièrement le *droit privé*, l'organe de la famille et de la propriété; et c'est effectivement ce qu'a réalisé, ainsi que nous l'avons dit en commençant, le gouvernement *théocratique*, dont Buddha a donné les conditions spéculatives, confirmées par les conditions pratiques de Moïse. — En cette première période, les fins humaines ou l'existence temporelle est constituée par la justice divine, qui y prédomine par la religion ou l'élément de la souveraineté de droit divin.

En second lieu, si l'autorité légale ou la souveraineté de la raison se combine de préférence avec la souveraineté de droit humain; en d'autres termes, en combinant les lois pragmatiques ou les fins humaines, notre troisième élément, avec la raison, pour organiser les lois sociales, il se formera une association *juridique* des hommes, reposant sur la morale proprement dite, ou la spontanéité qui la fait naître, où se développera particulièrement le

droit public, constitutif de la liberté à côté de
l'esclavage (dans cette période) ; et c'est effectivement ce qu'a réalisé, ainsi que nous l'a-
vons dit en commençant, le gouvernement
aristodémocratique, dont Socrate et son école
donnent les conditions théoriques, corpori-
fiées par Lycurgue et Alexandre-le-Grand. —
En cette deuxième période, les fins humaines
ou l'existence temporelle se poursuit sous l'é-
gide d'une justice humaine, qui y prédomine
par la spontanéité pratique de l'homme ou l'é-
lément de la souveraineté de droit humain.

Toutefois, le développement humain ne pro-
cède pas si aisément dans sa marche ascension-
nelle, qu'il ne faille, pour en avoir les fruits,
l'entremise de suffisants moyens intellectuels
dans le temps et dans l'espace. Aussi, pour
passer de l'élément divin, des lois morales, à
l'élément humain, aux lois pragmatiques, une
transition de l'un à l'autre, dût-elle offrir ses
ressources ; et l'humanité d'alors l'opéra, en
effet, dans l'association par *castes*, qui, en ma-
térialisant, en quelque sorte, les conditions
morales de l'homme, c'est-à-dire, en atténuant
le deuxième élément, la souveraineté divine

dans l'homme, pour l'obtention, ainsi rendue plus facile, de la fin matérielle, l'élément pragmatique, réalisa, comme prélude à la souveraineté humaine, ainsi que cela eut effectivement lieu en Orient, le gouvernement sacerdotal ou *des prêtres.*

De même et par la même raison, pour passer de l'élément humain, des lois pragmatiques à l'élément divin, aux lois morales, une transition dut également s'effectuer en moralisant les conditions matérielles de l'homme, c'est-à-dire, en portant l'homme, de la souveraineté humaine à la spéculation de Dieu, ou à la souveraineté divine; et c'est effectivement ce qui s'établit, comme prélude à la souveraineté divine, dans l'association par *tribus,* en Occident, par le gouvernement mondain ou *des juges.*

De la sorte, la loi morale, l'élément divin, par la première transition, tendit à devenir ou à faire fonction de loi pragmatique, l'élément humain, pour en venir plus tard à organiser le gouvernement aristodémocratique, ainsi rendu plus facile. Puis, par la deuxième transition, la loi pragmatique, l'élément humain, tendit à devenir ou à faire fonction de la loi morale, l'élément divin, pour, en se confondant de plus en plus, organiser le gouvernement théocratique, également rendu ainsi plus facile : doubles procédés que la raison ou le droit naturel qu'elle porte incessamment, implique providentiellement dans sa flexibilité.

Voilà donc, par le fait des trois éléments primordiaux qui y ont présidé, les organes des deux souverainetés réalisés, l'un, par la prédominance, dans la souveraineté de la raison, de l'élément divin ou des lois morales sur l'élément humain ou les lois pragmatiques, d'où l'établissement de la souveraineté de droit divin par les Orientaux ; et l'autre, par la prédominance, dans la souveraineté de la raison, de l'élément humain ou des lois pragmatiques, sur l'élément divin ou les lois morales, d'où l'établissement de la souveraineté de droit humain par les Grecs et les Romains : toutes deux en vertu de leur préexistence dans la souveraineté de la raison qui les implique nécessairement comme élément neutre.

En face de ces deux organes politiques, fou-

dés, l'un sur la souveraineté divine, et l'autre
sur la souveraineté humaine, l'un et l'autre
avec des conditions irréfragables, l'homme,
sans doute, aurait pu couler paisiblement son
existence temporelle, accomplir ses fins terrestres sous la garantie de la direction divine
et de l'intervention humaine, mais la raison
de l'homme postulait une réalité personnelle,
de plus en plus propre à lui, qui pût le revêtir d'une dignité spirituelle, dont il sentait la
conscience, quoique faiblement, et qui pût, en
outre, le faire participer, avec l'universalité
de tous les hommes, aux avantages de la vie
terrestre : dignité qui, au moins, l'élevât, dans
ses conditions d'être éternel, aux yeux de son
Créateur, et avantages qui, comme être physique, pussent le faire jouir du bien-aise. Et c'est
ce que vint accomplir la révélation que Jésus-
Christ apporta aux hommes, et que Constantin-le-Grand, et surtout ses successeurs, réalisèrent pratiquement dans le gouvernement
représentatif des droits éthiques et civiques de
l'homme. — Voici, en effet, comment s'établit ce gouvernement !

D'une part, si nous considérons que la sou-

veraineté morale ou divine, considérablement
développée et même irréfragablement fondée
par le christianisme, dût peser, de toute son
action vivifiante, sur la souveraineté nationale
ou humaine, pour élever celle-ci aux conditions de la vie éternelle, révélée par le Christ,
nous verrons surgir, d'une telle influence prolongée et exercée par les Ordres religieux,
l'agrandissement du gouvernement représentatif, sous son aspect de dignité religieuse,
c'est-à-dire, sous son aspect *spirituel*, revendiquant ainsi, pour l'homme, son privilége d'ê-
tre l'égal, aux yeux de Dieu, de tous les autres
hommes.—C'est surtout au pape Grégoire VII
qu'on doit le bienfait de ce développement
hiérocratique.

D'autre part, si nous considérons que la
souveraineté nationale ou humaine dût également peser, de toute l'action de ses fins matérielles, agrandies des besoins progressifs de
l'existence temporelle, sur la souveraineté
morale ou divine, pour en avoir la garantie
adéquate, nous verrons surgir, d'une telle influence qu'exercèrent les classes suzeraines, la
Noblesse, l'égal développement du gouverne-

ment représentatif sous son aspect d'avantages terrestres, c'est-à-dire, sous son aspect
matériel, revendiquant ainsi, pour l'homme, la
satisfaction de sa vie en tant qu'elle dépend
du sol (dans cette période). — C'est particulièrement à Charlemagne qu'on doit le bienfait de ce développement physiocratique.

Et nous trouvons, dans le fait de ce gouvernement représentatif, constituant une véritable association *éthique et civique* des hommes, toujours en vue de signaler la marche
ascendante de l'humanité vers son postulatum de la justice pour la poursuite de sa vie
temporelle, nous trouvons, disons-nous, le susdit parallélisme spirituel et matériel, dans
cette troisième période de la génération des
États.

Au point où nous sommes, l'homme, encore,
aurait pu se complaire dans l'actuelle conquête
successive de son existence temporelle suffisamment garantie par l'actuelle conquête également successive de ses lois morales, consti-
tutives de la justice ou de l'autorité politique
fondée par ces lois divines. Mais, sa raison,
incessamment contrainte d'exercer sa sphère

d'exploration, revendique toujours un progrès par des lacunes à remplir que lui signalent des prétentions hostiles, tenant à la fois des deux éléments hétérogènes, de ses lois morales et de ses lois pragmatiques ; et il est porté à vouloir harmonier, par une influence, non plus individuelle de l'un dans l'autre, comme cela avait lieu antérieurement, mais par une influence réciproque de l'un dans l'autre de ces susdits éléments opposés, la souveraineté morale avec la souveraineté nationale, et celle-ci avec celle-là. — Dans cette vue rationnelle, il dut faire concourir à la constitution de l'État les deux souverainetés en question, qui, jusqu'alors, avaient procédé isolément : ce qui amena, pour les hommes, leur égalité devant la loi, à la confection de laquelle, pour la première fois, ils participèrent en vertu de leurs droits politiques ainsi développés. Et c'est ce qui caractérise le gouvernement *constitutionnel*, dont Martin Luther donna les conditions philosophiques que réalisèrent législativement Gustave-Adolphe et Frédéric-le-Grand, et dont les autres monarques n'ont été plus tard que les imitateurs.

Ici, dans cette harmonie des deux éléments opposés, dans ce concours mutuel, propre à l'existence temporelle et à la justice qui la garantit, il y avait lieu de penser que l'humanité s'arrêterait à l'exercer indéfiniment. N'est-ce pas là le cas, plus que jamais, de se reposer sur les lauriers de cette dernière conquête, à l'abri d'une association fondée *sur le savoir*, pour jouir des bienfaits de l'existence que Dieu nous a donnée en nous mettant sur la terre, existence qui semble si pleinement garantie par la législativité dont tous les hommes viennent de prendre possession? Eh bien! non, ce n'est point là, en quatrième lieu, la période dernière de la raison investigatrice. La France semble avoir pris à tâche de pourvoir au postulatum indéfini de cette raison. En effet, arrivés, ainsi que c'était notre but d'y conduire, à la situation mystérieuse de notre époque, le temps d'arrêt qui caractérise cette mystérieuse situation politique est ostensiblement contraire à l'harmonie susdite: harmonie qui, en apparence préétablie pour notre bien-être spirituel et matériel, n'est, en réalité, qu'un état de désordres, de révolutions, d'écarts, de périls imminents, poursuivis depuis 60 ans, ainsi que nous l'avons déjà dit, avec l'étendard levé, tantôt de la République excluant la souveraineté divine, tantôt de la Restauration excluant la souveraineté humaine, tantôt enfin du Juste-Milieu, excluant alternativement et l'une et l'autre. — Dans un pareil ordre social, l'exercice de la justice étant impossible, puisque, tour-à-tour, elle est revendiquée par une justice ou un gouvernement contre une justice ou un gouvernement contraire, nous sommes forcés de revenir, comme plus haut nous y étions arrivés, au postulatum d'un but nouveau dans la politique, dont l'inconnu constitue le problème que nous nous sommes engagés de fixer et de résoudre.

Pour cela, et comme prémisses de ce problème, admettons, sur preuves, que l'homme, dans ses conditions *préparatoires* d'être physique et hyperphysique, est accompli. Il a développé, comme nous l'avons vu, toutes les fonctions, morale et pragmatique, dont l'a revêtu sa raison créée, la raison qu'il tient de Dieu. En effet, à quoi aboutit-il présentement? D'une part, par les lois pragmatiques, à la souveraineté humaine, qui se pose, en principe, comme seule propre à se donner toutes ses garanties; et de l'autre, par les lois morales, à la souveraineté divine, qui, à son tour, se pose, en principe, comme seule propre à se donner aussi toutes ses garanties. On ne saurait dire que ce ne soit pas là notre caractéristique situation, car nous répondrions immédiatement que l'apparition du gouvernement de la Restauration, et que la volonté rétrospective de Louis-Philippe, malgré l'origine populaire de la Charte de 1830, sous le nom de *Monarchie*, forme et contenu, en caractérisent la partie divine exclusive; et que l'établissement du gouvernement actuel, sous le nom de *République*, forme et surtout contenu, en caractérise la partie humaine exclusive. On ne saurait dire également que nous impliquons le concours de l'une et de l'autre de ces deux partis, sans exclusion, comme cela se passe sous les gouvernements constitutionnels, et si parfaitement sous celui de la Grande-Bretagne. L'inscription littérale de la souveraineté exclusive du peuple dans notre Constitution en donnerait le démenti; car, ce n'est assurément pas l'insertion des

mots préambulaires « *en présence de Dieu*, » qui
constitue la souveraineté divine. On ne l'aurait pas spécifié, qu'on n'en serait pas moins
sous la présence de Dieu. Aussi, ces mots sont-
ils là comme l'enseigne d'un non-sens, ou
plutôt d'un hors-d'œuvre, que prouve son
énonciation, sinon contestée, au moins déli-
bérée et comme arrachée. — Or, il est manifeste que l'homme préparatoire a réalisé tous
ses buts, puisqu'il tombe, dans l'impuissance
d'en poursuivre d'autres (et c'en est là le caractère irréfragable), à se contredire lui-même
dans l'antinomie de sa raison, morale et pragmatique. — Un fait aussi grave dans la raison
humaine, si plein de dangers pour l'existence
sociale, si contraire aux fins de la raison infinie, ne saurait apparaître sans constituer,
dans cet état anormal, au moins les moyens
d'en sortir. Et si, en effet, il devait être, cet
état anormal, un éveil à notre spontanéité
créatrice de quelques buts ultérieurs? S'il devait être, comme nous l'avons dit plus haut, et
comme nous pouvons l'affirmer sur preuves,
maintenant qu'il est reconnu que l'homme
préparatoire s'est réalisé dans toutes ses fonc-

tions créées, que nous eussions effectivement
à constituer, en propre, par des fonctions spontanées, notre réalité péremptoire? Alors, notre question problématique aurait, de suite,
sa fixation ou sa raison d'être, et nous n'au-
rions plus qu'à en envisager les conditions.
Effectivement, et revenons-y, quel saurait être
le caractère de notre politique, sinon une antinomie dans l'homme sous la considération
de ses lois pragmatiques ou de la souveraineté
propre à lui (autonomique), et sous la considération de ses lois morales ou de la souveraineté étrangère à lui (hétéronomique), en
tant que l'une et l'autre s'excluent respectivement? Mais, pour s'exclure, il faudrait que
l'une ou l'autre fût seule vraie, par opposition
à l'une ou l'autre qui serait fausse. Cependant,
la raison ou la souveraineté de la raison les
implique toutes les deux; cependant, et l'une
et l'autre ont perpétué leur existence jusqu'à
ce jour, ainsi que nous avons eu l'intention
de le montrer par la susdite génération progressive des gouvernements. La prétention de
vouloir s'exclure est donc erronée; plus que
cela, elle est immorale, puisque les deux élé-

3

ments sont également vrais. Et, en effet, si la
loi pragmatique qui, en fondant le droit public, veut la réalisation de ses fins terrestres,
d'accord avec la souveraineté de la raison à
laquelle elle est identifiée, est vraie, il y aurait, non pas seulement erreur, mais immoralité à la détruire, à en atténuer même l'action; bien plus, ce serait impossible. Si, également, la loi morale qui, en fondant le droit
privé, veut la réalisation de la justice, d'accord avec la souveraineté de la raison à laquelle elle est aussi identifiée, est vraie, il y
aurait aussi, non pas seulement erreur, mais
immoralité à la détruire, à en atténuer même
l'action; bien plus, ce serait impossible. Encore, si la loi morale, qui recherche le bien
sur la terre, était le vrai, qui est le but de la
loi pragmatique, peut-être la première pour-
rait-elle prétendre à l'inutilité de la seconde.
Mais il n'en est rien, car la religion, au nom
de laquelle se propage la maxime intime de
l'homme, n'a pas encore le caractère du vrai
que doit lui donner la philosophie, principe
de celui-ci : preuve, c'est que l'Église nous
dit aujourd'hui que Dieu donnera l'immorta-

lité à l'homme, ce qui est contraire à l'Évangile, aux termes exégétiques de la philosophie.
De même, si la loi pragmatique, qui recherche
le vrai sur la terre, était le bien qui est le but
de la loi morale, peut-être aussi celle-là pour-
rait-elle prétendre à l'inutilité de celle-ci.
Mais il n'en est rien, car la philosophie, au
nom de laquelle la politique poursuit son développement, n'a pas encore le caractère du
bien que doit lui donner la religion : preuve,
c'est que la philosophie, celle *française* (entendons-nous), nous dit aujourd'hui que les vérités, qui ne sont point palpables, sont autant
de chimères, exemple : Dieu, la vertu, l'immortalité, etc. — Or, comme corollaires de
cette présente déduction antinomienne, et d'a-
près ses conditions irréfragables, à savoir :
d'une part, que les deux souverainetés sont
vraies, et de l'autre, qu'elles ne peuvent s'exclure, conditions qui ne permettent plus, aux
termes des expériences, vaines dans leurs
principes, et désastreuses dans leurs conséquences, qu'en font les Français, aucun tempérament politique quelconque, car ils les ont
tous usés, il reste manifeste que le problème

nouveau devra consister (et je le dis avec l'em-
pressement du navigateur long-temps battu
par les tempêtes dangereuses de l'Océan, et
qui verrait le port du salut) dans l'identification finale des deux souverainetés, morale et
nationale, dans la souveraineté de la raison ;
de sorte que l'identité, qui en serait la conséquence, opérerait : 1° un véritable règne de
la raison, puisque celle-ci impliquerait, dans
leurs causes dernières et dans leurs derniers
effets, les deux souverainetés jusqu'alors opposées, morale et nationale ; 2° une véritable
égalité sociale, puisque l'alternative de l'une
à l'autre, ou l'hostilité de l'une à l'égard de
l'autre n'existerait plus ; et 3° la garantie des
droits de l'homme à ses destinées finales, qu'il
ne nous appartient pas de caractériser présentement, lesquelles il aurait à envisager désormais (n'ayant plus de buts politiques à accomplir, puisque la justice aurait enfin sa réalisation) comme son but politique dernier en
vue de les accomplir, ces destinées. — Saurait-
il, en effet, apparaître, comme issue de notre
perplexité douloureuse, un autre système de
gouvernement ? Que la raison humaine s'in-

génie, si elle le veut tenter, sous tels milliers
de systèmes qu'elle osera encore entreprendre, elle n'aboutira pourtant qu'à celui de l'i-
dentité que nous venons de présenter, parce
qu'il est absolu dans les fins de la raison (1).
En effet, cette identité n'est rien autre, après
le jeu, par toutes les phases politiques développées dans l'histoire, des éléments primitifs
de la raison créée, c'est-à-dire, *conditionnelle*,
tels que nous les avons fait connaître en commençant la genèse de la formation des gouvernements, n'est rien autre, disons-nous, que
le progrès, mais par une combinaison *finale*,
c'est-à-dire, qui n'en permet plus d'autres,
parce qu'elle est *inconditionnelle*, vers l'identité
desdits deux éléments, moral et pragmatique,
dans l'élément fondamental de la raison, pour
clore et couronner ce système complet des
gouvernements.

---

(1) Cela est si vrai, que le système de M. Proudhon, celui
exposé dans ses *Confessions*, frôle quelque chose d'analogue, mais avec l'impossibilité, pleine d'horripilation, de jamais l'accomplir : bien au contraire. — C'est là l'erreur, et
peut-être l'intention satanique.

Telle est donc, enfin, la fixation bien arrêtée de notre actuel problème de la politique, envisagé, depuis soixante ans, par les Français, auxquels, probablement, la Providence en avait assigné le destin. C'est la résolution qui en a été toujours poursuivie, sans en comprendre suffisamment la fixation problématique, et sans pouvoir en accomplir les conditions de succès, à laquelle, Kant, le philosophe germain, au milieu du calme des hautes spéculations de l'esprit, préludait par sa synthèse transcendantale de l'être et du savoir, dans leur concours réciproque pour fixer la RÉALITÉ(1), tandis que les Français la poursuivaient, par leurs vues de régénération politi-

(1) Ici, et en appliquant cette synthèse à notre question politique, il faut considérer l'*être* comme l'élément moral, élément *donné*, et le *savoir*, comme l'élément pragmatique, élément *créateur*. — C'est leur union qui constitue la *réalité politique*. — Ces conditions subsistaient *immanentalement* dans l'homme. — Kant est le premier qui en ait envisagé, dans son criticisme philosophique, les considérations *transcendentales;* et Napoléon est le premier, en politique, qui en ait fait l'application synthétique; car, et avant Kant et avant Napoléon, ces deux éléments subsistaient isolément.

que, dans leurs r´ volutions incessantes : résolution sur laquelle anticipait Napoléon, dans son système d'union, en sa propre personne, des deux autorités opposées qui, ainsi, ne souffraient plus de leur hostilité réciproque. — Toutefois, ce grand homme ne possédait ni le savoir nécessaire à l'obtention d'un si vaste objet, puisqu'il l'imposait par la dictature, ni le loisir de l'accomplir, puisqu'il avait à combattre contre les ennemis du dehors qui l'en empêchaient. — Mais il était réservé à la France de ne point cesser la poursuite de son vaste destin, dont la réalisation ne devait être possible qu'après les luttes dernières, et l'établissement propice d'un ordre républicain, qui, et on peut le dire cette fois avec vérité, portera dans le monde, en en faisant le tour, l'oriflamme de sa gloire et de son salut.

Resterait à produire la résolution de notre problème, à savoir : cette finale identification des deux autorités qui, aujourd'hui, dans leur état caractéristique d'hostilité et d'exclusion, y paraissent si contraires. La chose serait difficile si, déjà, des moyens d'anticipation opérés par un *scepticisme social*, sinon établis sur

des règles, au moins sur des instincts, ne se
présentaient pour nous venir en aide. En effet,
dans ce fait si absolu qui caractérise les deux
opinions, morale et pragmatique, nous pouvons trouver, comme s'y étant introduite, dans
la première, celle morale, une tendance à favoriser, dans des mesures sages, le mouvement pragmatique; et c'est, seulement, lorsque ce dernier se manifeste dans des conditions excentriques, entre autres celle du socialisme (1), que cette opinion morale se retire

---

(1) Voici le principe du socialisme : « La réalité absolue de
» l'homme consiste dans ses *facultés physiques*, et consé-
» quemment dans les buts qu'il postule avec ces facultés, à
» savoir les buts du bien-être matériel. — Toute faculté su-
» périeure est vaine et illusoire dans ses prétentions. »
La conséquence de ce principe consiste, dès-lors, dans la
préférence accordée à l'*ordre* qui a réalisé les buts physiques,
à savoir, à l'*état social*, le seul, au reste, qu'il soit donné au
socialisme de connaître dans l'abrutissement monstrueux qui
a hébété son intelligence, sur l'*ordre*, qui a réalisé les conditions morales de ces buts physiques, à savoir sur l'*état poli-*
tique; conditions qui, en accomplissant dans l'homme, par
la spontanéité pratique du devoir (*honeste vive!*) son *indé-*
pendance individuelle (*neminem læde!*) et son *droit de pro-*
priété (*suum cuique tribue!*) sont déjà une création hyper-

par crainte du danger, mais en se renfermant dans un doute perplexe qui ne laisse pas que de militer en faveur de ce qu'elle n'a repoussé qu'à défaut d'une claire vérité. De même, dans la deuxième, celle pragmatique, nous pouvons aussi trouver, comme s'y étant introduite, une tendance à s'appuyer sur le côté moral en vue de garantir et de modérer l'objet de ses vues qui pourraient, dans leurs écarts, disloquer l'état de la société, tendance, si notoirement manifestée de la part des ouvriers à propos de la fameuse prétention d'organiser le travail, qui milite également en faveur de la direction morale propre à la conduire, elle, l'opinion pragmatique, dans la saine poursuite de ses vues. Ainsi, de part et d'autre, un scepticisme salutaire règne, dont l'effet, qu'on pourrait dire providentiel, doit nous mener à des résultats favorables. — Il n'est pas jusqu'à une opi-

---

physique, c'est-à-dire éternelle, quand les conditions physiques de l'état social ne lui donne qu'un caractère précaire de la vie terrestre, c'est-à-dire, mortelle. — L'humanité actuelle voudra-t-elle acquiescer à cette honteuse rétrogradation?

nion qui n'en est pas une, celle des gens qu'on appelle *les conservateurs,* qui n'ont ni le sentiment moral, ni la spontanéité pragmatique, au nombre desquels on pourrait ranger les *défenseurs de la propriété* à tous prix, les prôneurs de *la justice et de la charité* quand même, il n'est pas jusqu'à ces gens qu'on ne puisse faire rentrer dans notre scepticisme. Seulement, chez eux, le scepticisme est négatif, toujours préparés qu'ils sont à se tourner du côté vainqueur, comptant, dans leur impuissance d'investigation, que les existences opposées, soit morale, soit pragmatique, seront toujours suffisantes, dans leur propre équilibre, tel quel, pour *conserver.* — Ils pourraient bien se tromper!

Eh bien! dans cet état sceptique, qui modère tous les écarts, comme l'exemple le prouve, il y a lieu de marcher, sous l'égide de cet auxiliaire, au but postulé. Toutefois, ce but postulé, pour être définitif, c'est-à-dire, ne plus présenter les chances funestes de retourner, comme après le fait historique de Napoléon, à des phases rétrogrades déjà parcourues, par exemple, à l'analogue d'une République comme celle qui prétend nous régir, où préside l'exclusive souveraineté nationale, à l'analogue d'une Monarchie, son pendant opposé, comme celle de l'autocratie russe, qui pourrait bien nous menacer, où préside l'exclusive souveraineté morale, ou même d'un gouvernement constitutionnel, comme celui de la Grande-Bretagne, dont nous ne voulons pas, où présiderait chez nous, alternativement et exclusivement, tantôt l'une, tantôt l'autre des deux dites souverainetés ; ce but postulé, disons-nous, veut des racines équivalentes à son établissement final. La question est donc de savoir si nous pouvons les lui donner. Or, qu'entendons-nous par identification dans la raison, des deux éléments qu'elle possède pour le gouvernement de sa vie temporelle ? N'est-ce pas, comme nous l'avons dit plus haut, une combinaison finale, par un procédé inconditionnel, c'est-à-dire absolu, des dits deux éléments, dans la raison qui, désormais, fournirait à ces deux auxiliaires, pragmatique et moral, des conditions de jeu ou de vie également inconditionnelles ou absolues ? — L'homme peut-il accomplir ces grandes choses ? — Essayons et voyons ce qui est déjà préparé dans les lumières actuelles de la raison.

Ainsi que nous venons de l'établir, il règne, en ce moment, dans les esprits, un scepticisme salutaire. Dans cette condition préparatoire, si, d'abord, du côté de l'élément moral que, par ce scepticisme, nous avons déjà vu assez porté à favoriser son antagoniste, l'élément pragmatique, il nous était possible de lui fournir les facultés ou la puissance de contenter entièrement ce dernier, ce serait une assimilation des vues de celui-ci avec les vues propres de l'élément moral, dans laquelle un accord, une conciliation, jusque-là impossible, des deux éléments, jusque-là opposés, pourrait être opéré. Or, imaginons que cet élément moral, qui veut réaliser cette assimilation, s'élève, pour l'obtenir, jusqu'à considérer que le but de son antagoniste peut être vrai, il pénétrera alors, par un procédé analytique, dans la conscience de celui-ci, en qui il rencontrera une conscience de soi, acquise et développée progressivement, par l'aperception de son savoir ou de son *moi*, jusqu'à aboutir à une véritable *autonomie* créatrice, réalisant

spontanément toutes ses vues pragmatiques.
Et ce qui n'était que le penchant de l'élément
moral s'échangera aussitôt, par cette investigation philosophique ou rationnelle, en certitude de ce que le but de son antagoniste est
vrai, en ce qu'il est fondé sur la conscience
créatrice de son moi (*ipséité*), faculté humaine
inconditionnellement vraie. — L'Allemagne
présente particulièrement ce haut caractère
de l'autonomie dans la philosophie de Hegel :
ce qui constitue la force prépondérante, mais
dangereuse, à cause de son but exclusif, du
parti démocratique de ce pays. — Si, ensuite,
du côté de l'élément pragmatique que, par ce
même scepticisme, nous avons vu assez porté
à accepter son adversaire, l'élément moral,
il nous était aussi possible de contenter ce
dernier, ce serait une assimilation des vues
de celui-ci avec les vues propres de l'élément
pragmatique, dans laquelle un accord pourrait également être opéré. Or, imaginons encore que cet élément pragmatique s'élève, à
son tour, jusqu'à envisager que le but de son
adversaire pourrait bien être vrai, il pénètre
alors, par un même procédé analytique, dans

la conscience de celui-ci, en qui il découvrira
une conscience de soi, acquise et développée
progressivement par l'appréhension passive
unie à l'aperception active de son savoir pour
saisir cette appréhension, jusqu'à aboutir à
une véritable *hétéronomie*, réalisant spontanément toutes ses vues morales. Et ce qui n'était
que le penchant de l'élément pragmatique s'é-
changera aussitôt, par une égale investigation
philosophique ou rationnelle, en certitude de
ce que le but de son adversaire est vrai, en ce
qu'il est fondé sur la conscience du non-moi
(*altérité*), faculté humaine inconditionnellement vraie, en ce qu'il y a effectivement
dans les réalités du monde quelqu'autre chose
que le moi de l'homme. — L'Allemagne présente également ce haut caractère de l'hétéronomie dans la philosophie de Krause, laquelle, bien que n'apparaissant qu'avec l'assentiment d'une conscience faible pour l'action, n'en subsiste pas moins comme un principe fort et inconditionnel. — Dans cette position respective, nous voyons un grand pas
de fait, car le parti moral, pour aboutir au
point de vue final du parti pragmatique ou

national, a été obligé, en passant par la philosophie autonomique, d'accepter cette caractéristique philosophie de son adversaire, qui
n'est rien autre que la réalité de ses vues pragmatiques par la virtualité créatrice dans le
savoir, c'est-à-dire, dans ce qui est le moi de
l'homme, en d'autres termes, d'accepter le
verbe dans l'homme comme fonctionnant en
lui pour acquérir les réalités physiques, ou
établir la souveraineté de droit humain. De
même, le parti pragmatique, pour aboutir,
comme il vient de le faire aussi, au point de
vue final du parti divin ou moral, a été obligé,
en passant par la philosophie hétéronomique,
d'accepter cette caractéristique philosophie de
son adversaire, qui n'est rien autre que la morale donnée par la rationalité créatrice dans
l'être, c'est-à-dire, dans ce qui n'est pas le moi
de l'homme, en d'autres termes, d'accepter
le verbe de Dieu comme fonctionnant dans
l'homme, pour acquérir les réalités morales, ou établir la souveraineté de droit divin.
Et il s'en suit nécessairement, par cette accep-
tation réciproque, sinon une union, au moins
une véritable tendance raisonnée à l'union des

deux souverainetés dans la raison qui se les
a assimilées, c'est-à-dire, qui a établi, du côté
de l'autonomie, le moi créateur dans la souveraineté humaine ou nationale des États, et,
du côté de l'hétéronomie, le non-moi créateur
dans la souveraineté divine ou morale des
États : ce qui confirme l'existence de la philosophie comme principe de l'une, et celle de
la religion comme principe de l'autre ; la première (si l'on admet la validité, ne serait-ce
que virtuelle d'abord, de cette union des deux
souverainetés, comme il faut l'admettre), introduisant le vrai dans la souveraineté divine,
par le moyen du moi créateur : souveraineté
divine, qu'elle, la philosophie, ne saurait plus
contester; la seconde introduisant le bien dans
la souveraineté humaine par le moyen du
non-moi créateur : souveraineté humaine,
qu'elle, la religion, ne saurait plus contester;
souveraineté humaine et souveraineté divine,
vrai et bien, qui, en raison qu'ils sont pourvus de leurs conditions dernières, ne faisant
qu'une seule et même chose rationnelle, constituent un véritable règne de la raison, dans
lequel intervient impérissablement le jeu im-

muable des fins humaines et de la direction
divine, mis dans l'immanence de l'homme par
le Créateur. — L'Allemagne présente encore
le haut caractère de cette synthèse virtuelle
des deux pôles de la raison dans l'identité primitive de l'être et du savoir, du philosophe
Schelling. — C'est une observation digne de
l'attention des hommes réfléchis, que, toujours, ou l'idée précède le fait, ou que l'une
et l'autre marchent dans une entente parallèle, quoiqu'à leur insu. Cette observation se
trouve confirmée par notre présente genèse
du progrès politique, où nous trouvons Buddha
et Moïse pour le gouvernement théocratique;
Socrate, Lycurgue et Alexandre-le-Grand pour
le gouvernement aristodémocratique; Jésus-
Christ, Constantin-le-Grand, et ses immédiats
successeurs, pour le gouvernement représentatif; Martin Luther, Gustave-Adolphe et Frédéric-le-Grand pour le gouvernement constitutionnel; Kant et Napoléon-le-Grand pour
le gouvernement que nous oserons appeler
antinomien, précurseur (dans des conditions
transcendantales, c'est-à-dire, où les principes
sont déjà doués d'hyperlogisme, mais où les

4

applications ont toujours leurs liens tempo-
rels), du gouvernement de l'identité, monarchique ou républicain, peu importe, dont
Schelling d'un côté, et surtout les Français de
l'autre, veulent la réalisation, en posant déjà
les conditions primitives de cette réalisation.

Il s'agirait donc maintenant, pour clore notre genèse de l'association politique, de réaliser l'identité susdite, d'y substituer la réalité
à la virtualité, que nous venons de reconnaître comme un nécessaire postulatum actuel
de la politique moderne, manifesté, à la fois,
par l'idée du beau système de Schelling et la
noble action incessante des Français depuis
soixante ans.

Avant tout, observons que le développement
de l'humanité, jusqu'à ce jour, dans les quatre grands gouvernements dont nous avons
donné la connaissance (forme et contenu),
était tracé par une finalité du Créateur qui,
par grâce, en avait mis dans l'homme toutes les
conditions subjectives (1). C'était comme un

_____

(1) L'homme, il faut bien que son orgueil s'en accommode,
n'est ENCORE que par *grâce divine.* Les souverains de par la

destin étranger dont l'homme avait à accomplir les réalités, et qu'il devait accomplir, ainsi qu'il l'a fait, même au milieu des apparents écarts, dépourvus de toute signification devant les buts tracés. Aujourd'hui, au contraire, rien ne nous est plus donné, ni principes subjectifs que nous ayons à développer, ni conséquences objectives que nous ayons à réaliser. Le destin du passé est fini; la Providence semble, en nous abandonnant, nous avoir laissé le soin, *par notre mérite*, d'avoir à nous fixer un destin propre, d'avoir à nous donner, comme notre ouvrage, les moyens efficaces de le constituer. — Si, en effet, on observe les caractères de l'antinomie fatale de notre époque, la détermination présente et de notre abandon et de la nécessité de nouvelles forces

---

grace de l'homme, sont un sot mensonge qui, par cela même, en paraissant agir contre les souverains *divins*, travaillent au profit de ces derniers. Qu'a-t-il donc en propre cet homme souverain, dont il n'ait pas à reconnaître le *don* par grâce? Serait-ce son prétendu suffrage universel, cette majorité accordée avant l'âge?... Socrate affirmait le vrai Dieu sans le connaître, et les Athéniens lui ont fait boire la ciguë. Je nie le Dieu de mon temps, l'homme, que je connais, et je ne crains point d'être honni pour le mal que j'en pense.

et de nouveaux buts, encore inconnus, res-
tera comme une question décidée.

Or, en acceptant, d'une part, ce point de
vue, et en acceptant, de l'autre, que les deux
éléments qui président à la politique, celui de
la souveraineté nationale des États, d'abord
immanent dans nos facultés *données*, ensuite
transcendant dans l'autonomie créatrice où
nous venons de le reconnaître, et celui de la
souveraineté morale des États, d'abord immanent dans nos facultés *données*, ensuite transcendant dans l'hétéronomie créatrice où nous
venons de le reconnaître; en acceptant, disons-nous, que ces deux éléments ont finalement abouti à une synthèse philosophique de
leur origine primitive, fixée par Schelling,
nous prendrons immédiatement cette synthèse primitive comme l'élément primordial
ou fondamental de la politique moderne,
élément en qui résidera originairement l'essence morale et absolue de l'homme en état
d'association obligatoire. Et nous devrons
chercher à en accomplir l'objet dans toutes
ses conditions subséquentes, en partant de
cette identité primitive et progressant, par

une marche de plus en plus agrandie, vers l'identité finale qui, ainsi que nous l'avons vu, est le but postulé, et dans l'idée par la philosophie toujours précurseur, et dans l'action, par les révolutions incessantes, surtout des Français. — L'homme, encore, est-il capable de réaliser ce grand objet, ce but absolu de sa raison politique?

Posons donc que l'identité primitive des deux souverainetés créatrices, autonomique et hétéronomique, dans une analogue souveraineté rationnelle, en constituant l'essence morale de l'homme, à savoir, le vrai et le bien de son association juridique, nous donne l'élément neutre ou fondamental de la politique cherchée. De son sein, se détachent, comme y étant impliquées sans doute : 1° comme premier élément secondaire, l'autorité autonomique du droit national, dont la fonction est de constituer, par une *virtualité créatrice*, c'est-à-dire, une indépendance de toutes conditions préalables, une *auto-souveraineté nationale*; et 2° comme deuxième élément secondaire, l'autorité hétéronomique du droit moral, dont la fonction consiste dans une *rationalité créatrice*, c'est-à-dire, dans une dépendance du principe avec sa conséquence, principe qui, tenant de l'autonomie à laquelle elle est désormais liée, lui fournit la capacité d'établir, en propre, sa conséquence, à savoir, une *auto-souveraineté morale*. — Ceci étant, désormais l'homme, armé de ces deux principes auto-souverains ou créateurs, fera toutes les combinaisons aptes à le conduire à son but final. Or, en vue de l'obtenir, admettons que, du côté de l'auto-souveraineté nationale il y ait alliance, comme ça doit être, avec l'essence morale de l'homme (le vrai et le bien de l'auto-souveraineté rationnelle de l'identité), ce premier élément secondaire, à cause de son caractère illimité de virtualité créatrice, donnera naissance à une *liberté indéfinie*, cette magnifique et suprême manifestation de la grandeur spontanée de l'homme. Admettons que, de l'autre côté, à savoir, du côté de l'élément auto-souveraineté morale, il y ait alliance avec l'essence humaine, c'est-à-dire, avec le vrai et le bien identifiés dans l'auto-souveraineté rationnelle, ce deuxième élément secondaire, à cause de son caractère de rationalité créatrice, c'est-à-dire, le principe lié à la conséquence, donnera naissance à une *nécessité indéfinie*, cette magnifique et suprême manifestation du logisme de l'homme, sans lequel rien ne serait, ou tout serait sans lien, sans système, sans réalité. — Une telle liberté et une telle nécessité devraient inévitablement établir une pondération également *indéfinie*, d'où résulterait, tout d'abord, une absence de tous écarts politiques, si, au lieu de leur caractère d'indéfinis, ces deux éléments, dérivés de l'auto-souveraineté nationale et de l'auto-souveraineté morale, étaient pourvus, ce qu'elles n'ont pas encore, d'un caractère de *défini* dans leurs fins respectives. Et ce qui garantit déjà l'obtention de cette pondération à venir, se trouve confirmé par les moyens ou facultés à l'appui de ces deux principes créateurs. En effet, d'un côté, la liberté, dont le caractère positif de spontanéité veut la *création*, se trouve soumise, par les considérations du pôle qui lui est opposé, à l'inflexibilité d'une *loi* du progrès dans sa création, que lui impose la nécessité par son caractère mécanique de logisme. De l'autre côté, la nécessité, dont le caractère négatif d'iner-

tie veut le progrès ou une ascension raisonnée
en suite de son lien avec la virtualité, se
trouve, à son tour, portée, par les considérations du pôle qui lui est opposé, à une *loi* de
création, que lui impose la liberté par son caractère virtuel de spontanéité. Et il en résulte
que ces deux organes dérivés des deux auto-
souverainetés, nationale et morale, sont con-
duits, pour leur existence propre, aux conditions *transitives* d'une loi de progrès que subit
la première, et d'une loi de création que subit
la seconde, de sorte que la *nécessité* fonctionne
avec la liberté dans l'auto-souveraineté nationale, et que la *liberté* fonctionne avec la nécessité dans l'auto-souveraineté morale.

Poursuivons et agrandissons notre sphère.
— L'auto-souveraineté morale, avec son caractère de logisme ou de principe lié à la conséquence, quoique indéfini, voudra, devra
même influencer l'auto-souveraineté nationale pour y introduire son propre élément, sa
rationalité, car il s'agit pour elle de ne point
perdre; bien plus, de constater sa réalité. Or,
elle tendra, bien plus, elle se constituera principe *universel* d'auto-souveraineté, résidant dans

lo savoir de Dieu, dans l'*être*, dont elle ou le
savoir de l'homme n'est que la reproduction.
De son côté, l'auto-souveraineté nationale,
avec son caractère de spontanéité ou de création, quoique également indéfini, voudra, devra même influencer l'auto-souveraineté morale pour y introduire son propre élément, sa
virtualité, car il s'agit aussi pour elle de ne
point perdre, bien plus, de constater sa réalité.
Or, elle se constituera principe *unique* d'auto-
souveraineté, résidant dans l'homme, dans le
savoir, dont il est le créateur. — Ces deux principes séparés et distincts de l'être (l'universel) ou du non-moi créateur, et du savoir
(le singulier) ou du moi - créateur, pourraient aboutir à une opposition respective,
dangereuse. Et c'est là le point caractéristique de notre époque, signalé par le développement éclairé de la raison en Allemagne, et par la fatale antinomie politique, en
France. — Mais, ainsi que nous venons de le
constater, dans le degré actuel du *savoir* fourni
à l'auto-souveraineté morale par le principe
de spontanéité de l'auto-souveraineté nationale, et dans la participation à l'*être* donnée à

l'auto-souveraineté nationale par le principe de logisme de l'auto-souveraineté morale, doubles principes auxquels ces deux auto-souverainetés participent déjà par le bien et le vrai de l'identité primitive (notre principe neutre de l'essence morale en association politique); de plus, en vue de conjurer le danger d'une opposition respective, il y a lieu de supposer qu'une harmonie s'établira entre nos deux principes créateurs pour concourir, par une influence préétablie, et surtout par l'influence de l'*Esprit* créateur, qui en est la faculté ou le moyen philosophique, à reconnaître que les deux auto-souverainetés étant également *vraies*, elles doivent servir de véhicules à l'établissement d'une *auto-souveraineté rationnelle*, en laquelle elles seraient finalement identifiées.

De sorte qu'il ne resterait plus qu'à *réaliser* cette auto-souveraineté rationnelle dans la réunion des deux auto-souverainetés, morale et nationale, par l'essence morale de l'homme, c'est-à-dire, par le vrai et le bien identifiés; et c'est ce qui aurait effectivement lieu de la manière suivante.

Avant tout, deux conditions sont indispensables : c'est, d'une part, que la liberté et la nécessité aient perdu leur caractère d'indéfini par une fixation respective du but arrêté de leurs fonctions ; c'est, d'autre part, que l'harmonie qui doit exister entre elles deux subsiste, car il va sans dire que, sans ces deux préalables conditions, l'identité ne saurait jamais s'établir. — Donc, d'abord en ce qui concerne le caractère de défini qu'il s'agit de fixer, sous le point de vue de la liberté, notre élément organique dérivé de l'auto-souveraineté nationale, celle-ci, la liberté, fixera, par le moyen de la *virtualité créatrice*, sa faculté, la *création* de tous les instruments de l'autorité. Et comme cette virtualité se trouve fonctionner, comme nous l'avons vu, avec la nécessité dont le caractère est d'imposer le logisme, c'est-à-dire, la connexion du principe avec la conséquence, il en résultera que la création technique des instruments de l'autorité de l'État sera *définie* et conforme à la rationalité créatrice, c'est-à-dire, à un progrès logique vers la création *déterminée* du *vrai absolu*, un des deux principes de la primitive essence morale de l'homme en association politique, ou de l'auto-souveraineté rationnelle.

Sous le point de vue de la nécessité, notre autre élément organique dérivé de l'auto-souveraineté morale; celle-ci, la nécessité, fixera, par le moyen de la *rationalité créatrice*, sa faculté, une *spécification* à tous les instruments de l'autorité de l'État. Et comme cette rationalité se trouve également fonctionner avec la liberté, dont le caractère est de produire la spontanéité, c'est-à-dire, la création, il en résultera, en outre de cette destination spéciale affectée à chacun des instruments créés, que, pour être conforme à la virtualité créatrice, cette rationalité devra développer la création *déterminée* du *bien absolu*, l'autre principe de l'essence morale de l'association politique ou de l'auto-souveraineté rationelle, impliqué dans notre principe originaire de l'identité primitive. — Et voilà, sous le point de vue de la fixation des buts définis des deux susdites auto-souverainetés, le vrai et bien qui leur sont absolument dévolus à réaliser sur la terre.

Ensuite, en ce qui concerne l'harmonie entre l'auto-souveraineté nationale et l'auto-souveraineté morale, celle-ci, l'harmonie, s'établira par l'Esprit, source philosophique de la vérité impliquée dans l'une et dans l'autre de ces deux auto-souverainetés, Esprit, dont le caractère manifeste, à cause de sa nature d'investigation, consiste à se porter vers l'une et vers l'autre, pour les conduire parallèlement à la création absolue de l'auto-souveraineté rationnelle, c'est-à-dire, au vrai et au bien absolus, identifiés. — La condition de cet accomplissement de l'harmonie subsiste déjà d'une manière préétablie, pourrait-on dire, sinon dans l'identité primitive qui ne la montre pas ostensiblement, au moins dans l'Esprit, cette faculté qui contient, en elle, la dualité de nos deux principes. — Et elle sera, cette harmonie, ainsi établie, la *règle* (nomothétique) des problèmes politiques que l'homme devra poser et résoudre pour aboutir à notre système final de l'identité, car ce qui, aussi, ne serait pas conforme à cette règle du vrai et du bien, constituerait, non pas seulement une exception, mais un écart. Bien plus, à l'instar de ce qu'est la Providence pour toute la nature créée, elle constituera un POUVOIR - DIRECTEUR (1) des

---

(1) C'est ce *Pouvoir directeur* qui devra donner désormais aux Préfets, Sous-Préfets, même aux Maires, un caractère véritablement politique (non plus seulement administratif) qu'ils n'ont point encore, ou qu'ils prennent sans en avoir les rudiments nécessaires, heureux quand ils n'ont pas un caractère opposé à cet actuel pouvoir nécessaire, ici libéral exclusif, là illibéral exclusif; caractère directeur qu'ils revêtiraient dans toutes les occasions officielles, même dans les occasions privées, satisfaisant ainsi à toutes les exigences politiques; que doivent aussi prendre toutes les personnes qui s'ingèrent de s'occuper, de parler de politique; dont l'efficace descendrait dans la famille, pénétrerait dans la jeunesse, c'est-à-dire dans les mœurs, avec le temps, pour en régénérer le faux, et apporterait les fruits préparatoires de la solution de notre problème, le plus ardu qu'on puisse imaginer, en l'absence des lumières de la raison, et en présence de la passion des partis : sorte d'anticipation sur l'union des hommes supérieurs, signalée dans la philosophie absolue comme un devoir impératif; union qui, à défaut du Pouvoir directeur difficile à établir par le fait de l'État, si peu libre dans sa spontanéité, fonctionnerait déjà utilement par le moyen d'abord négatif de la répression des erreurs politiques qui courent les rues et les campagnes, comme on sait; puis, par le moyen positif de la fixation et de la solution des vraies questions politiques, desquelles dépend le salut public.

buts publics, à savoir, de ce qui doit être
établi pour conduire à l'identité dans tous les
rouages politiques et administratifs, économiques, moraux, religieux et intellectuels (surtout pédagogiques) (1). — C'est ce pouvoir-
directeur qui constitue le point essentiel, le
moyen initiateur de notre politique moderne :
to be or not to be de notre salut.

Et c'est seulement alors que nous pouvons
espérer accomplir notre identité finale des
deux auto-principes créateurs de la liberté et
de la nécessité dans un seul et dernier principe auto - créateur de l'autorité de l'État.
Or, pour cela, si le premier, la liberté, créatrice du vrai absolu par sa virtualité créatrice, désormais non pas seulement fonctionnant avec la rationalité, créatrice du bien
absolu, mais de plus, harmoniée avec elle,
ainsi que nous l'avons reconnu, remonte,
par une marche regressive, au spontané principe neutre de tout le système politique, à

_____

(1) *Voir* la note qui se trouve à la fin du présent opuscule,
à propos du discours de M. Victor Hugo à l'Assemblée législative. — Janvier 1850.

savoir à l'identité primitive des deux auto-
souverainetés, nationale et morale, elle re-
trouvera son objet, le vrai, identifié avec le
bien dans cet élément neutre, avec lequel et
par lequel, conformément à sa philosophique
raison potentielle, elle jugera conforme tout
l'établissement élaboré du vrai que celle-ci,
la liberté, aura poursuivi jusqu'à sa condition dernière, qui est son identification avec
le bien, c'est-à-dire, qui est de ne faire qu'un
avec lui. Si le second, la nécessité, créatrice
du bien absolu par sa rationalité progressive,
désormais, non pas seulement fonctionnant
avec la virtualité, créatrice du vrai absolu,
mais de plus, harmoniée avec elle, ainsi que
nous l'avons également démontré, remonte,
par une marche regressive, au logique principe neutre de tout le système politique, à
savoir à l'identité primitive des deux auto-
souverainetés, nationale et morale, elle re-
trouvera son objet, le bien, identifié avec le
vrai dans cet élément neutre, avec lequel et
par lequel elle jugera conforme tout l'établissement élaboré du bien que celle-ci, la nécessité, aura poursuivi, en partant de son propre

élément détaché de l'élément neutre jusqu'à
son terme dernier, qui est de s'identifier avec
le vrai, c'est-à-dire, qui est de ne faire qu'un
avec lui. — Et c'est cette identité, enfin opé-
rée par la toute - puissance rationnelle de
l'homme, sa *potentialité,* aidée par le concours
final de l'harmonie antécédente ou du susdit
politique POUVOIR DIRECTEUR, avec ses *raisons
suffisantes* de causes efficientes pour une cause
dernière, c'est cette identité qui, en formant
la clôture, qui n'est rien autre qu'une parité
entre les deux *individuels* auto-principes créateurs jusqu'alors hétérogènes, du système
absolu de la politique, apparaît comme la
LOI THÉORIQUE de la fin de l'autorité dans les
États, celle du but absolu de l'homme, connexion du principe trouvé dans la morale
absolue avec la conséquence appliquée dans
la justice pour la garantie des actions humaines; de laquelle loi, pour en réaliser *l'universel*
complément péremptoire, sort le PROBLÈME
PRATIQUE de l'établissement absolu de ce but,
à savoir, de l'*autorité souveraineté rationnelle,* conséquence trouvée dans la justice absolue en
connexion avec le principe d'une morale

5

éternelle; problème universel qui, résolu dans
toutes les réalités politiques, et sous le rapport d'uniformité juridique ou d'égalité sociale (hiérarchie), progressivement cherchée
et finalement accomplie, et sous le rapport
des absolues fins humaines, aussi progressivement cherchées et finalement développées, laissera se jouer désormais, toujours
jeunes, comme deux réalités éternelles, le
vrai et le bien de l'autorité des États, la
liberté de l'auto – souveraineté nationale et
la nécessité de l'auto-souveraineté morale,
ces deux lois essentielles de l'homme, sour-
ces désormais immuables de sa félicité incontestée, et les seuls véhicules aptes à lui
faire obtenir, par des spéculations adéquates,
ses propres et éternelles destinées, LA DÉCOU-
VERTE DE LA VÉRITÉ, seule cause de sa présence sur la terre (1).

_____

(1) Donnons une courte interprétation du *vrai* et du *bien*,
selon le langage philosophique, dont le lecteur n'est peut-être
pas assez conscient. Le vrai, nous avons eu occasion de le
dire, est ce que trouve la *raison spéculative*. Elle a, pour
cela, ses facultés spéciales à l'aide desquelles elle découvre

Ici, encore, ainsi que nous l'avons produit
par rapport aux éléments préparatoires de

---

les lois ou le savoir de *l'existence des choses*. Mais, pour valoir, il faut qu'il coïncide avec le *bien*; car le vrai, dès-lors
idée de l'homme, qui ne serait pas le bien, c'est-à-dire, susceptible de se réaliser *pratiquement*, serait un vrai ou une
idée qu'il faudrait repousser. Pour en citer un exemple, le
principe de *savoir*, le vrai des démocrates, qui tend à modifier
la propriété, qui, telle qu'elle subsiste, est le bien, ne concorde
pas avec le bien; donc, ce vrai n'est pas vrai. — Venons au
bien. Le bien, nous l'avons dit également, est ce que postule
sentimentalement la religion, et que trouve *cognitivement* la
raison pratique de l'homme. Elle a aussi, pour cela, ses facultés spéciales, et particulièrement son *impératif de devoir*,
à l'aide duquel elle découvre les lois ou le savoir de la *destination des choses*, et en réalise l'objet. Mais, pour valoir, il faut
aussi qu'il coïncide avec le *vrai*; car le bien, dès-lors accomplissement par l'homme, qui ne serait pas le vrai, c'est-à-dire
susceptible d'être accepté *spéculativement*, serait un bien ou
une réalité qu'il faudrait également repousser. Pour en citer
un exemple, le principe de *devoir*, le bien des aristocrates,
qui limite ou tend à limiter l'exercice des *droits* de l'homme
qui sont vrais dans leur progressif développement, ne concorde pas avec le vrai; donc, ce bien n'est pas bien. — Le
vrai est donc le côté théorique, l'idée de l'action, et le bien,
le côté technique, l'accomplissement de l'action. L'action
doit s'appuyer sur l'idée vraie pour valoir, et l'idée doit

notre genèse absolue des gouvernements,
l'idée précurseur ne fait point défaut au fait

---

aboutir à l'action bonne pour valoir. — Hors de là, il n'y a
plus coïncidence, donc, la réalité postulée est impossible ou
délusoire. — C'est la coïncidence de ces deux réalités, vrai et
bien, ou leur identification dans une seule réalité, qui constitue la finalité humaine : finalité, qui réalisée dans l'homme,
est une anticipation, déjà dans ce monde, sur l'immortalité;
car l'homme qui n'agirait plus (bien absolu) qu'en vertu d'une
spéculation vraie, et l'homme qui ne spéculerait plus (savoir
absolu) qu'en vue d'une pratique bonne, pourrait, dès lors,
par l'élimination, en lui, de toutes entraves physiques qui ne
le régiraient plus, être considéré comme un ÊTRE IMPÉRISSA-
BLE, en qui serait transfiguré *cet esprit du Consolateur*,
dont parle l'Évangile; symbole bien exact et en réalité bien
consolant de la perte ou de l'abandon de ces conditions physiques (passions, sentiments, affections, joies du monde, douleurs, jeunesse passagère, richesses acquises, doux rêves
avortés, tous biens de la terre périssable, qui « s'éclipseront
parce qu'ils sont nés »), sinon sacrifiés, au moins subordon-
nés désormais avec une douleur atténuée par cet *esprit de
vérité*, à l'obtention finale d'une félicité inébranlable, déjà
réhabilitation morale, précurseur de la création propre de
l'homme. — Si l'on veut être attentif à la possibilité (immédiate) de cette réhabilitation morale, comme issue du postulat
politique qui nous préoccupe aujourd'hui, *l'individu* (l'homme)
déjà réhabilité, ne présumerait-il pas *l'universel* (la société),

postulé. D'un côté, l'autonomie *illimitée* de la liberté est définie par le système philosophique de Hegel ; de l'autre, l'hétéronomie *restrictive* de la nécessité est également définie par le système philosophique de Krause. Ensuite, Schelling, ce créateur de l'identité primitive, s'est encore chargé de réaliser le système de l'harmonie entre les deux moi créateurs, le moi et le non-moi. Revenant de l'élan anticipé de son système de l'identité, il a réalisé, par sa seconde philosophie, l'harmonie entre le moi créateur du Verbe (la liberté) et le non-moi créateur de l'Absolu (la nécessité) : lacune qui avait été laissée dans l'accomplissement problématique des réalités de l'univers. Enfin, l'identité finale, dont le système de Schelling ne présentait encore que les conditions primitives, a été accomplie dans la *Philosophie absolue* de l'illustre philosophe HOENÉ WRONSKI (sur lequel nous nous sommes appuyés, comme sur un

comme une réalité adéquate? — Conférez cette note avec celle de la page 62 et celle concernant le discours de M. V. Hugo, sur l'éducation, à la fin du présent opuscule.

support éternel dans notre présente déduction), par la *réalisation du Verbe* dans l'homme,
cette toute - puissance créatrice de l'homme
comme elle fut celle de Dieu, qui l'a créé *à son
image.*—Les ouvrages suivants, la *Philosophie de
la Politique,* le *Secret politique de Napoléon,* les *Prolégomènes de la Philosophie absolue,* etc. etc. où se
trouve le nouveau Destin de la France, en
présentaient déjà les éléments préparatoires.
La *Réforme du savoir humain,* du même auteur,
en fournit les éléments péremptoires.

Et c'est ce que nous avions à établir pour
notre conclusion, à savoir que ce n'est qu'à
la condition de l'identité que nous venons de
caractériser, que le gouvernement nouveau,
pour lequel la France travaille, en luttant
depuis soixante ans, République ou Monarchie, peut et doit se montrer pour devenir
le dernier gouvernement de la France, et
par lui un modèle pour le monde entier.
Hors de là, tout n'est que ténèbres et erreurs.
—Justifions-le par une preuve qui consistera
à soumettre la constitution que vient de nous
donner la République, au critérium de juge-

ment de notre principe de l'harmonie, cette règle désormais *génétique* de toute modification politique : constitution vainement saluée avec les honneurs de la joie et les remercîments à la Divinité, à l'instar de ces augustes enfants de la monarchie, sinon regrettables dans le fait, puisqu'elle a laissé la trace indélébile de son existence dans l'éternelle autorité morale des États, au moins subsistante à jamais dans son principe.—Or, que nous donne la constitution, ce fruit élaboré de notre République? un seul élément de l'autorité, l'élément pragmatique. Eh bien! si l'on est conséquent à ce seul principe exclusif, placés que nous sommes, par lui, entre les cornes acérées d'un dilemme épouvantable, à savoir le *droit au travail* comme conséquence du dit principe, ou le *droit à l'insurrection*, si ce premier droit n'est pas concédé, il nous faudra subir, à moins, répétons-le, d'être inconséquents à ce seul principe de l'autorité nationale (l'élément pragmatique, fondateur du seul droit public), la modification du droit privé, émanant de l'autorité morale qui manque, auquel se rattache la propriété et la famille. Or, modifier seulement, dans le sens exclusif de l'autorité nationale, le droit qui garantit la propriété et la famille, ces deux fondements de la stabilité des États, c'est lui porter l'atteinte de la destruction. En d'autres termes, l'élément logique ne coexistant plus avec l'élément spontané, celui-ci, excentrique de sa nature, ne sera plus rappelé au centre par celui-là. — Et voyez, en effet, les conséquents précurseurs de cette destruction par les socialistes !

Et c'est par ce sinistre présage (qui sera cause de la seconde partie de notre traité, à savoir de la question économique soulevée par les susdites tendances exécrables des socialistes) que nous terminerons la présente exposition que nous avions à faire, comme un devoir impératif, certains de l'inévitabilité de sa funeste conclusion, à moins que la Providence, cette maîtresse des événements, n'y pourvoie. — Elle y a déjà pourvu !

Paris, 10—20 décembre 1848.

POST-SCRIPTUM.

On disait à l'Empereur Napoléon, à propos d'hommes qui veulent la destruction du vrai et du bien sur la terre, ces paroles mémorables :

« Ils sont partout, dans les clubs et dans » les conseils, dans l'administration et dans » l'armée. Il y en a au parlement d'Angle- » terre, dans le congrès américain, au Vati- » can, à l'Escurial, et jusque dans le sérail de » Constantinople. Les rois sommeillent sur » le trône, et quand même ils se réveille- » raient...! il est trop tard. »

« Napoléon ne voulut pas y croire, et il pé- » rit. »

L'existence de ces hommes est, en effet, un profond problème que Schiller avait, de son côté, caractérisé de la manière suivante :

« C'est là précisément le vrai mystère, qui » est étalé devant les yeux de tous, qui vous » entoure perpétuellement, et que nul de vous » ne peut apercevoir. »

Sans prétendre donner la solution de ce problème, on pourrait n'admettre d'abord l'existence de tels hommes de destruction que comme une simple supposition, et chercher un principe qui transformât cette supposition en réalité. Puis, ce principe trouvé, en chercher un autre qui perpétuât l'existence d'une telle apparition mystérieuse.

Ces principes, les voici : Il existe des hommes qui ne sont point doués de la haute faculté de virtualité créatrice. Chez eux, la *Vérité,* loin de pouvoir prendre racine, leur est un sujet de révolte ou de répulsion, et conséquemment un objet à détruire lorsqu'il apparaît. — S'unir, pour en venir à cette fin, même sans lien matériel, mais purement par l'idée répandue, est toute leur raison d'être.

Il existe d'autres hommes chez lesquels, bien que doués de la virtualité créatrice, la vérité n'a pas encore les conditions suffisantes du *savoir.* De sorte que, par ce défaut de lumières suffisantes, ils trempent, à leur insu, dans les conseils perfides et dans les actes subversifs des premiers qui leur présentent leur fausseté (habillée en manière de

vérité) et les entraînent ainsi, insensiblement, dans leurs vues de destruction du vrai
et du bien sur la terre.

Ainsi se trouvent expliquées et justifiées
les mémorables paroles portées à la haute
raison de l'empereur Napoléon, à savoir,
pourquoi ces hommes, les uns ou les autres,
se trouvent partout, dans les clubs et dans les
conseils, etc.

Notre *règle génétique* du vrai et du bien est,
à la fois, le critérium de connaissance de ces
hommes de destruction, et conséquemment
prescrit l'obligation de ne s'en point servir,
et est à la fois, le moyen de repousser leurs
influences pour n'être point comptés au nombre de ces hommes perversifs (1).

21 *Décembre* 1848.

---

(1) Conférez ceci avec la note de l'appendice sur les réactionnaires.

APPENDICE.

Les notes qui suivent ont été mises ici pour ne point distraire le lecteur de l'attention qu'on a attendu de lui dans l'appréciation de l'ouvrage qui vient de lui être soumis. Elles peuvent être considérées comme des corollaires, appliqués, du susdit ouvrage.

Note sur la Charité, faussement interprétée par le parti démocratique.

Lorsque nous voyons Messieurs les socialistes, lorsque nous les entendons crier à la *fraternité*, comme d'un sentiment dont le moindre signe n'a point apparu parmi les hommes, au milieu de la sécheresse et de la stérilité de leur cœur, nous sommes tout prêts à les convier au grand banquet de la *charité*, dont, partout et toujours, les tables dressées donnent un formel démenti à leur mensongère déclamation. Il est vrai que, dans leurs stupides prétentions, aussi perversives qu'elles sont ignorantes, ils voudraient fausser le principe de cette fraternité, leur grand cheval de bataille, en substituant l'obligation à l'invitation, la nécessité de l'action à la libre pureté de la maxime, en fin de compte, l'État à l'Église; de telle sorte que la vertu, que celle-ci, l'Église, met au nombre de ses prémisses initiales, aboutit à la conséquence d'être contrainte par celui-là, par l'État. Et cela étant, c'est-à-dire, le principe étant accepté, il n'y a plus que la conséquence à tirer, conséquence de l'épaisseur d'un cheveu, c'est, à savoir, que la Charité, fille de la Foi, que la Charité, en fille reconnaissante, entretient, ainsi dénaturée dans sa raison d'être, s'atténuerait au point de faire disparaître l'Espé-

rance. Et la théologie qui, en faisant l'investigation des mouvements humains, a reconnu et arrêté, dans sa divine science,
ces trois moments spirituels de l'ame, la Foi, l'Espérance et
la Charité, en perdant ses moyens, perdrait son but, but terrestre par la Charité, but éternel par l'Espérance, l'un et
l'autre échauffés au feu de la Foi.

Sans doute que les doctrines caco-physiocratiques ne s'ex-
clament pas d'une manière aussi déterminée. Le diable est
trop rusé pour produire, à l'œil nu, ses prétentions, comme
nous présentons nos assertions. Mais, la peau écailleuse de
l'image qu'elles représentent dans leur souple langage félon,
n'est pas si épaisse, que nous n'y découvrions la bête intime,
sur le front de laquelle est écrit *mystère*. — Socialisme, voilà
ton principe et ta fin. Est-ce clair? — Non, ça ne l'est pas
assez. Il lui faut des faits, nous les lui offrirons, tirés, à la
fois, et de ses propres arguments et de ceux qui font notre
force.

Ils se sont déchaînés, dans leur véhémente argumentation,
contre un *économiste* (car MM. les socialistes n'envisagent,
eux, que le Dieu qui donne à leur ventre), Malthus, leur ennemi acharné.

Le spéculateur hardi a posé plusieurs aphorismes (*inde
iræ*) qui ont révolté leur sympathique fraternité.

Il a dit : « La société est en droit d'*exiger* de chacun de
» ses membres *de ne point avoir de famille*, sans être en état
» de la nourrir. »

La proposition, sans contredit, est notoirement hasardée;
je dirai plus, elle est fausse. La société n'a, ni ne peut avoir le
droit que pose l'économiste comme une affirmation, car quel
moyen d'exercer ce droit sans ravir à l'homme sa liberté, le
plus cher et le plus doux de ses biens? Et le socialiste, sans
doute, part de là, part de ce principe faux pour répondre,
comme nous, par une négation, mais avec des raisons différentes. Il dit, lui, que c'est à la société à nourrir les enfants,

leurs père et mère même, dès là qu'ils ne sont pas en état de
le faire. Et d'un conseil de prudence auquel il fallait réduire la
proposition (alors vraie), on a traîtreusement profité du faux
qu'elle implique pour renforcer la théorie socialistique, en
criant, par surplus, à l'immoralité contre le malthusien.

Pour nous, qui ne prétendons pas gêner la liberté de l'homme
dans la douce conjonction d'une famille, nous disons que naturellement et par la loi nécessaire des éventualités (autre loi
de parcimonie qui, en réglant l'univers, règle aussi nos affaires
humaines), la possibilité de nourrir sa famille s'établit à son
insu, par une pondération dans l'onération et l'exonération,
de sorte que le nombre des enfants, au giron du ménage, s'y
équilibre par une génération croissante, s'il y a prospérité, et
par la mortalité, s'il y a souffrance. — Vous allez vous récrier,
socialistes. Je vous réponds par ces mots irréfragables : *Faites
en sorte, si vous le pouvez, qu'il en soit autrement.* — Et
dans ces mots, trouvez un problème à la solution duquel je
vous somme. Vous le résoudrez ; oui, mais en portant l'Occident à l'Orient, en substituant, à l'ancien monde de l'humanité, qui poursuit péniblement sa carrière, en vue des finales
destinées dont vous ne sauriez avoir la conscience, le *Monde
nouveau* de M. Louis Blanc, dont le moindre des soucis est la
chute de la terre, pourvu qu'il vive au milieu de son satanique
orgueil. — Mais, il ne lui sera pas donné de jouir de ses œuvres
impuissantes !

Malthus, dans sa théorie, travaillait particulièrement, nonobstant ses vues générales, en vue de la Grande-Bretagne,
sa patrie, si tourmentée par la surcharge exubérante de ses
pauvres, fruit d'une première faute législato-économique, dont
on recueille aujourd'hui les fâcheuses conséquences. (Avis à
nos législateurs.) — Ceci est prouvé par ces paroles :

« Avant d'entreprendre aucun changement important dans
» le système actuel, soit qu'il s'agisse de diminuer l'accroisse-
» ment des secours, ou de les faire *entièrement cesser*, il y a

» un premier et indispensable pas à faire : *Il faut désavouer* » *publiquement le prétendu droit des pauvres à être entre-* » *tenus aux frais de la société.* » (Avis aux socialistes!)

Et l'impossibilité juridique de ce prétendu droit des pauvres se trouve dans la formule suivante :

« Il n'est pas en la *puissance* des riches de fournir aux » pauvres de l'occupation et du travail; en conséquence, les » pauvres, *par la nature même des choses, n'ont nul droit à* » *leur en demander.* » (Itératif avis aux socialistes.)

En effet, de quel droit, si ce n'est celui de la force et non de la raison, viendrais-je obéir à l'injonction de l'homme de lui donner de l'occupation et du travail, si je n'en ai que faire? On sait ce que signifie le droit de la force. Il ne règne plus depuis que celui de la raison lui a été substitué. Aussi, celle-ci a-t-elle, avec ses prescriptions impératives, donné le code de son droit.

Le *mien* de droit (*meum juris*) établit une *législation uni-* *verselle*, en ce sens que les hommes sont, par rapport à ce mien, grevés de l'obligation de ne pas se servir et de ne pas disposer de *mon* objet : obligation dont, autrement, ils ne seraient pas tenus. Ce qui correspond à l'aveu de l'obligation où l'on est soi-même réciproquement de s'abstenir aussi de la chose de chacun (*suum cuique tribue!*) Or, une telle condition de droit ne peut exister que sous un pouvoir législatif public, c'est-à-dire, dans l'état de société, par une garantie qui suppose le sien à chacun.

Mais, pour altérer l'argument invincible du mien de droit, ainsi qu'il vient d'être exposé, les socialistes avancent le raisonnement à l'absurde (*fallacia ratio*), que l'établissement juridique de la société, telle qu'elle nous est parvenue, est une surprise, par accoutumance passive, faite aux prétentions (du savoir) des hommes actuels (plus éclairés); conséquemment, que cet établissement juridique n'est pas pé- remptoire. Et c'est à l'aide de ce raisonnement, vaille que vaille, que le mien de droit tombe à l'état de *première prise de possession* (*beati possidentes*), sur laquelle, pour échanger cette possession *provisoire* (*ex facto*) en possession péremptoire (*ex lege* [*humanæ*]), il y a lieu de statuer ultérieurement selon les règles d'une *nouvelle* justice (*distributivæ*). — De là, le socialisme, tel qu'il nous apparaît, avec ses innombrables symboles individuels (*tot capita, tot sensus*), qu'on exhausse à *la hauteur d'une religion*, selon l'expression *assez clairvoyante* de M. Pierre Leroux, son plus fervent apôtre en ces jours néfastes.

Ces pitoyables raisonnements prétentieux de la fraternité des hommes, des uns envers les autres, appartiennent aux *naïfs* partisans de la république démocratique et sociale. Opposons-leur les nôtres, qui reposent sur la charité, ce principe divin (parce qu'il n'appartient point à l'homme) du seul et vrai sentiment (aucun n'appartient à l'homme) de la fraternité, que revendique l'Église comme son propre, au dire même des susdits et véridiques (cette fois) républicains; et faisons-leur envisager les bienfaits qu'elle a produits, en dehors du concours de l'obligation, cette coercitive chimère des néo-réformateurs, c'est-à-dire, sous l'influence de la fertile invitation de l'Église. — Nous voulons particulièrement parler des hospices. Et de suite, nous leur proposons ce problème, à savoir: comment aujourd'hui, dans le milieu social de notre république actuelle, il serait possible à l'État, qu'ils en veulent gérer, si l'assistance publique n'y avait pourvu par ses ressources de la charité, qui les a accumulées peu à peu, de nourrir, entretenir, loger, soigner les nombreux pauvres que nous voyons; comment il leur serait possible de pourvoir, à moins d'une improvisation destructive du *mien de droit*, au revenu annuel de 55 millions de francs, dont nous leur laissons le soin de supputer le capital, nonobstant celui que présentent les immeubles improductifs qui servent au logement? — Voilà pour la partie matérielle qui, bien entendu, dans cette

partie du problème, en impliquant, au regard intentionnel des
socialistes, une indéfinie représentation de pauvres, indéfinie
comme les viles passions, impliquerait des besoins d'assistance indéfinis au-delà, probablement, de la fortune publique
et privée, d'où, tout d'abord, résulterait infailliblement para-
lysie de l'activité humaine et sa ruine, et ensuite, aussi infailliblement, chute morale de l'homme. — En ce qui regarde
cet aspect matériel du problème, la solution en est-elle assez
clairement obtenue, MM. les socialistes? Y reviendrez-vous
encore?—Voyons la partie morale. Je ne saurais, en toute
vérité, imaginer l'existence administrative de l'assistance publique, comme devant être exercée par l'État, par la raison
qu'elle ne saurait être celle de la si charitable intervention de
l'Église. Car, qu'on le sache bien, les administrateurs des
hospices, en remontant au ministre, de qui tout ressort, et
descendant, par tous les degrés hiérarchiques, jusqu'au surveillant de nuit des pauvres, infirmes, malades, etc., con-
naissent, sont sous l'influence sympathique de la noble source
des deniers qui pourvoient à tant de dépenses pour tant de
soins, celle de la charité, appelée, conviée, jusqu'au chevet
du mourant, souvent athée dans la foi aride de sa longue
vie, devenu chrétien par l'espérance de l'éternité, au moment
suprême où il sent tout lui échapper. Or, si l'assistance
est l'effet de la *charité* obligatoire (charité *obligatoire!* ces
deux mots hurlent de se trouver en face), l'état de pauvre
devient un métier, et son administration une profession. Le
métier de pauvre! où est la conscience humaine en regard
de l'injonction divine : *Tu gagneras ton pain à la sueur de
ton front!* La profession de soigner les pauvres! Où est le
sentiment qui portera au dévouement de ses soins devant
l'impératif de la matérielle administration stricte?

Mais, nous avons promis des faits, laissons-en parler quel-
ques-uns, que nous communique un ami. C'est lui qui ex-
pose : « En mai de l'année dernière (1849), je fus, dit-il, en-

6

» traîné par occasion, à aller visiter l'hospice de la Vieillesse-
» hommes (Bicêtre), avec un des plus rouges démocrates de la
» Montagne, constituante et législative. Nous fûmes reçus et
» bien venus, par le respectable directeur de l'établissement,
» qui nous fit les honneurs de l'hôtel avec la grace, la bien-
» veillance, et j'oserai dire l'esprit malicieux d'un adversaire
» qui reconnaît un compétiteur qu'il ne redoute pas ; rien ne
» nous fut épargné... Nos éloges furent grands autant qu'ils
» étaient mérités. Chacun fit les siens à sa manière, mon re-
» présentant avec la digne importance de sa position heu-
» reuse, peut-être aussi avec la tendance de son caractère.
» Pour moi, pressant hardiment les mains du noble directeur
» qui, depuis vingt trois ans, a blanchi ses cheveux, avant
» l'âge, dans la gestion d'améliorations successives jusqu'à la
» limite du possible, à ce point que le désir semble n'avoir
» plus à désirer, pour moi, lui dis-je : vienne l'adversité,
» Monsieur, et je ne formerais point d'autres vœux que celui
» d'être un de vos hôtes, remerciant Dieu de la réparation qu'il
» m'aurait ainsi donnée. — Nous quittâmes, non sans pro-
» mettre de revenir, sur l'invitation qui nous en fut faite (peut-
» être avec une malicieuse intention), avec toute la Montagne,
» pour visiter le *phalanstère* de la charité chrétienne, qui sem-
» blait dire qu'il valait bien celui de la charité fouriériste. —
» La mort qui a décimé (justice de Dieu, qui peut s'opposer
» à tes décrets?) les membres de la Montagne, l'insurrection
» qui en a dispersé les principaux chefs, n'ont pas permis
» cette visite projetée, que j'ai faite seul, sinon avec autant de
» pompe, au moins avec de nouveaux fruits, qu'il me faut en-
» core produire : L'insurrection de juin éclate. Les rebelles
» sont châtiés ; et 3,000 d'entre eux sont envoyés dans les
» casemates des forts de Bicêtre et d'Ivry. Il fallait bien nour-
» rir ces 3,000 bouches affamées. La charité s'en chargea.
» Un ordre, émané du directeur-général de l'assistance publi-
» que, M. Thierry, donné à M. Mallon, directeur de Bicêtre,

» pourvoit à l'exigence. En quelques heures, sans que les
» pauvres de l'établissement en souffrissent dans la délivrance
» de leurs abondantes portions, un repas copieux réconforte
» ces faibles d'*esprit* et de corps. Nous ne saurions dire si le
» repas leur sembla une *dette acquittée;* il nous appartient de
» dire qu'il ne leur fit pas défaut, pendant la durée de trois mois
» environ qu'ils séjournèrent aux forts. — Encore un fait que
» je tiens de la partie admonestée : Il est une salle où sont *au-*
» *bergés* de nuit les pauvres qui, sans être malades, sont infir-
» mes, perclus ou paralytiques. Un gardien de nuit est tenu,
» en chaussons rembourrés, pour ne pas troubler le sommeil de
» ces fortunés impotents, d'aller à chacun, sur sa demande,
» donner l'assistance de retourner les membres impuissants
» qu'une même position trop prolongée dans le lit, met en état
» de douleur. Un d'eux porta l'exigence de ces soins au-delà
» d'un besoin qui parut au surveillant un malin plaisir, et le
» refus en fut la conséquence. Le lendemain, notre impotent
» trouva bien assez de jambes pour aller au directeur geindre
» de sa mauvaise nuit. Le surveillant fut mandé, tancé pour
» n'avoir point accompli son devoir de charité. — Mais, M. le
» directeur, je l'avais déjà retourné trois fois. — Il fallait le
» retourner quatre, malheureux. Allez, et que ça ne recom-
» mence plus. » — Secours donnés au pauvre, par l'office de
la charité chrétienne que ne cesse de préconiser l'Eglise, se-
riez-vous pourvus de cette bienfaisante abnégation, si l'Etat
athée (paroles attribuées à M. Odillon-Barrot, sans doute en
vue de montrer son caractère distinct et différent de celui de
l'*Eglise* divine) en était chargé! (dernier avis à MM. les socialistes.)

L'ouvrage d'un illustre docteur de la loi, *De la Justice et
de la Charité*, nous est tombé, dans le temps, sous les yeux.
Nous n'y avons point trouvé les assertions de la présente
note, peut-être parce que cet illustre maître ne s'est pas mis,
en disciple, sur les bancs d'un plus illustre maître. C'est

pourquoi nous avons cru convenable, oserons-nous dire utile, de la produire.

Nota. — 1ᵉʳ Février 1850. — Le respectable directeur de Bicêtre, M. Mallon, après trente-quatre années de services, vient de se démettre de ses fonctions. Sa retraite est un testament laissé à son successeur, M. Herbet, déjà consommé dans la carrière de la bienfaisance par d'honorables et longs antécédents, digne d'être son exécuteur testamentaire, pour en accomplir, sous l'intervention éclairée de l'administration dirigée aujourd'hui par M. Davenne, administrateur autant que chrétien, les legs qu'il a laissés, et dans d'unanimes regrets manifestés, et dans des projets d'améliorations qu'il rêvait encore, et par rapport à la vie de libre mouvement des aliénés, d'accord en ceci avec les médecins spéciaux, et par rapport, surtout, à cette nombreuse famille de jeunes idiots et épileptiques qu'il semblait avoir adoptée, pour leur donner, ainsi qu'il l'a fait, en remplacement de la séquestration toute de misère, une animation salutaire, dont les fruits, sous l'aspect d'éducation progressive, de travail professionnel, d'exercice de jeu et même de charmes de la vie, ont été acquis dans la latitude du possible, par les soins d'un jeune et dévoué professeur, M. Vallée, sachant les prendre par la partie intellectuelle la plus développée, pour en cultiver le support (cerveau), renforçant ainsi les autres par celle-là : préoccupation toute psychologique, dont l'exhibition arrêtée avec système dans l'esprit de cet éclairé professeur, qu'il nous en fit, est digne d'attention. — Les pays étrangers nous envieront ce trophée de l'homme au profit de l'animal, dont l'idée première, poursuivie dans un cadre qui sera encore élargi, est due à la bienfaisance sympathique de M. Mallon. — Si, dans ce fait de l'idiotisme et de la folie, fait tout de mystère, l'expiation (ce dogme modérateur de cet autre dogme fatal du péché, en vue d'en diminuer l'intensité) par le fait spécial (direct) ou par fait de solidarité (indirect), peut servir à lever un petit coin

de son voile, ainsi que l'envisagent certains théosophes, la
faible culture *ici-bas* donnée (*in principio*) ne devra-t-elle
pas être considérée comme un moyen d'accourcir la durée de
cette expiation, par une culture qui se développera *au-delà*
(*ad consequentiam*)? Si cela était, *miseris succurere disco*,
pourriez-vous dire, M. Vallée? — L'antiquité jetait ses idiots
aux bêtes; ainsi en est-il encore en Chine, où n'a pas pénétré
le christianisme (la charité). L'athéistique démocratie sociale
(advienne son règne), agirait-elle autrement?

Note sur l'organisation du Travail.

La note qui va suivre, se rattachant à l'organisation du travail, et particulièrement aux idées d'association de M. Louis
Blanc, avait été livrée à un jeune rédacteur d'une *Revue* pour
y être insérée. Soit en vue de faire de la page (style de jour-
naliste), soit en vue de rendre ma parole plus populaire, soit
par tout autre motif peut-être intéressé, le jeune littérateur la
délaya en plusieurs colonnes, de telle sorte que l'ensemble,
par la conclusion trop éloignée des prémisses, constituait un
syllogisme où le principe et les conséquences me parurent, le
premier, n'avoir point été posé, et les conséquences ne s'en
point déduire. A mon esprit, le coup était manqué; et c'est
pour riposter à ces prétendues vues d'association qui furent
l'objet de la théorie de M. Louis Blanc *au Luxembourg*,
comme elles le sont encore dans son *Nouveau Monde*, que
l'argument contraire est ici reproduit dans sa stricte nudité.—
J'ai lieu d'espérer que mon jeune littérateur (pour lequel je
conserve toujours une *paternelle* bienveillance), en regard
de l'utilité sociale, à laquelle il travaille tant et si bien dans la
susdite revue et dans le récent *Messager de la Semaine*, ne
me saura pas mauvais gré de cette reproduction, et ne me

traitera pas à l'exemple de deux amis, dont l'anecdote suivante (qui m'est communiquée) mérite d'être racontée, ne
serait-ce que pour l'édification morale de mes lecteurs.

« Dans la dernière année de la monarchie de Louis-Philippe,
» en 1847, après la publication des *Prolégomènes du Messia-*
» *nisme,* trois amis, sans doute inspirés par cette lecture et
» par l'*Esprit-Saint,* se réunirent, en vue de constituer dans
» le monde (et probablement pour en conjurer le danger po-
» litique, peut-être aussi pour accomplir la religion qui s'en
» va mourant sous le régime négatif de la foi), une triade *pa-*
» *raclétique,* comme qui dirait que l'un serait le Père, le se-
» cond le Fils, et le troisième le Saint-Esprit, où, pour parler
» le langage messianique, que sans doute ils avaient trouvé
» dans les Prolégomènes, l'un représenterait la loi suprême
» des réalités de l'univers, l'Absolu; l'autre représenterait le
» problème universel de ces réalités, le Verbe; et le troisième,
» le concours téléologique, le moyen de transition de l'un à
» l'autre, en regard de l'unité (trois en un). — Pour réaliser
» ce vaste projet — ceci n'est pas un conte — qui, sans doute,
» aurait empêché la révolution de Février, nos trois inspirés
» établirent le siége de leur Paraclet dans un *désert,* près
» Paris, à Auteuil. Là, les trois néo-disciples ardents de Jésus,
» annonciateur du Consolateur, se mirent à l'œuvre, sous l'in-
» fluence, bien entendu, du Messianisme, leur support; et ils
» accouchèrent laborieusement d'un ouvrage. J'en tairai le
» nom. Je ne dis pas si le public le trouva bon ou détestable (1).
» La question n'est pas là. »

---

(1) Des amis viennent de nous apprendre que, sans notre aveu, on
produit souvent, dans les journaux et dans des brochures, des écrits
où l'on copie rapsodiquement et en quelque sorte littéralement des
portions distinctes et incohérentes de nos ouvrages, auxquelles on
attache des titres et donne ainsi des buts qui sont diamétralement

« De petites misères humaines, qui tiennent à la fragilité
» de l'espèce (pour être le Paraclet, on ne cesse pas d'être
» homme) s'introduisirent dans le Paraclet. L'un d'eux n'avait
» pas tellement rompu avec le monde, ses pompes et ses œu-
» vres, qu'une maîtresse généreuse, chargée de restaurer les
» forces affaiblies par le jeûne et le travail, ne vint le visiter ;
» l'autre, par imitation, se fit paysan d'Auteuil pour s'intro-
» duire chez le voisin, dont il enleva la femme et le trésor.
» Quant au troisième, il vivait de mysticisme, d'eau fraîche et
» de racines, en vrai anachorète. — La justice, informée, fit
» sauver à la fois et ensemble, bien entendu, voleur et volée,
» la femme et la bourse. Et c'est sous ce fortuné événement,
» que le plus fortuné des trois amis prit possession de l'ou-
» vrage qui parut sous son nom seul, au lieu de porter le nom
» de la paraclétique trinité ; sans doute, pour figurer, par an-
» ticipation, comment, sous le règne du Consolateur, les trois
» seront identifiés en un.
» Mais, le péril passé, le prétendu volé attaqua le prétendu

opposés à la doctrine du Messianisme, tels que l'exploitation d'une
prétendue biographie de l'auteur, la fausse direction de l'instruction
publique, l'impossibilité de la république et autres pareils. Et nos
amis attribuent ces spéculations, tour à tour, soit aux profits pécu-
niaires que ces hommes en tirent des gens qui sont intéressés au
triomphe de pareils buts, soit à l'ambition qu'ils ont de se distinguer ainsi par le vol, soit enfin au risible dessein de compromettre,
par cet inepte bavardage, les hautes vérités messianiques. — Quant à
nous, nous attribuons de pareilles spéculations tout simplement à
l'ignorance de ces hommes ; car ce sont là manifestement des actions
très-immorales, et des hommes qui auraient approfondi la doctrine
du Messianisme, et qui auraient ainsi ressenti en eux les hautes destinées que cette doctrine absolue révèle enfin à l'humanité, seraient
incapables de pareilles bassesses.

(*L'auteur du* MESSIANISME.)

» voleur de l'ouvrage fait à trois ; et sans l'incident révolu-
» tionnaire de février 1848, les débats judiciaires (6ᵉ chambre
» correctionnelle) auraient épanoui la râte de bien des rieurs.
» — Les contendants, à défaut de justice publique, impossible
» (ce qui se comprend) sous le règne provisoire de la souve-
» raineté du peuple, se contentèrent d'un amiable compositeur
» qui, après les avoir entendus, ne pouvant, comme Salomon
» et aussi embarrassé que lui, couper le tout par moitié, les
» engagea à jeter au feu l'objet de la contention. — La déci-
» sion du juge ne s'accomplit pas, que nous sachions... —
» Toutefois, la justice de Dieu s'est appesanti sur nos deux
» ennemis, d'amis qu'ils étaient ; ils sont morts intellectuelle-
» ment ; *l'immoralité les a tués.* — On dit que le troisième
» poursuit son *vol* audacieux sous la publication d'une revue,
» intitulée *l'Union...,* peut-être l'union absolue, ou l'union an-
» tinomienne. — Nous verrons bien ! »

MORALITÉ DE L'HISTOIRE :

« Et voilà les hommes qui s'ingèrent de l'hégédémonie de
» la France ! »

Mais, venons au thème favori de M. Louis Blanc, aux associations.

Je vais l'envisager, sous le rapport *universel,* politique,
c'est-à-dire, en ce qui regarde l'association *obligatoire,* au
nom de l'État, qui est l'aspect fondamental de la théorie en
question, et sous le rapport *individuel,* psychologique, c'est-
à-dire, en ce qui concerne l'association *volontaire,* au nombre
déterminé ou indéterminé d'hommes, qui est l'aspect secondaire, à défaut de réalisation de l'association obligatoire.

Considérons d'abord le premier point de vue, celui qui ressortirait de l'État.

L'État, la société morale des hommes, repose dans la raison
même. Celle-ci impose, d'une part, au nom des *lois morales,*
l'autorité de ces lois constituant le *souverain* ou le gouver-

nement, et d'autre part, au nom de ces mêmes lois morales, la *soumission* à ce souverain, soumission impérative pour l'homme, considéré dès-lors comme *sujet* du souverain ou du gouvernement. Toute autre obéissance ou soumission est une erreur. Ainsi, la soumission au prétendu *peuple souverain* n'a aucun fondement, si elle n'est pas le fait, comme elle l'est en réalité (car c'est la *conditio sine quâ non* d'un quelconque ordre social [*justitiæ*]) de l'autorité *morale* qui y contraint. L'obéissance à l'homme (à la souveraineté du peuple), dépourvue d'ailleurs d'une manifestation toujours identique (absolue) ne provient que de la contrainte par la force brutale, constitue un rabaissement de la dignité humaine, et fait descendre l'homme à l'état de brute (zoocratie). Au contraire, l'obéissance aux lois morales, que l'homme trouve, dans sa conscience, toujours absolues, le grandit à ses yeux ; de plus, elle est une reconnaissance due au suprême souverain, de qui tout relève, l'homme, le premier, par ces lois mêmes, *s'il en a la conscience.*

Cette spécification présente donc un caractère irréfragable de *nécessité*, où viennent se jouer les trois éléments primordiaux de l'État, à savoir, du côté de la raison, les lois *morales* qui fondent l'autorité ; du côté de l'autorité, la *liberté* de jouir de ces lois et de concourir à celles qui en ressortent, les *lois juridiques* ; et du côté de la soumission, la *coercition* qui soumet à ces lois. Et c'est de la réunion systématique des lois, de la liberté et de la coercition, que résulte l'autorité juridique dans l'État, pour, par l'exercice des lois morales ainsi consacrées juridiquement, laisser se réaliser toutes les actions humaines, quelles qu'elles soient, physiques, morales, religieuses et intellectuelles. En effet, sans cette autorité ainsi accomplie, où serait la sécurité des hommes réunis? Imaginez l'homme simplement pourvu des *lois morales*, sans liberté d'en jouir et de concourir à la formation de celles qui en proviennent, et sans coercition à leur obédience, et vous n'aurez plus qu'un assemblage d'êtres livrés à leur quelconque conscience morale, ce qu'ils sont dans leur propre isolement : dès-lors absence d'action et de réaction respectives (*societas vacua*). Imaginez, d'autre part, l'adjonction de la *liberté* à ces pures lois morales. L'homme en usera à sa mesure et à son degré de force ou d'influence sur autrui ; et dès-lors une licence qui amènera l'anarchie dans la réunion sociale (*societas illimitata*). Mais adjoignez maintenant à ces premiers principes, la *contrainte* par la force du souverain ou des lois juridiques (entées sur les lois morales), et la pondération s'établit pour l'exercice des meilleures conditions de l'homme en état de société (*societas perfecta*).

L'État a donc son origine dans les lois morales, il fonctionne par la faculté de législater sur ce type inaliénable, et il a pour but la réalisation de toutes les actions humaines, sous et par la garantie de l'État ainsi constitué (*societas perfecta*).

Dès-lors, où trouvez-vous dans la formation de l'État, sous ces irréfragables conditions, une obligation d'y participer, autre qu'une obligation morale et nécessaire? Où trouverez-vous l'obligation (*contrains-les-d'entrer*) d'une société *économique* par une loi de l'État (morale)? A moins de détruire la liberté (moralité) dans l'homme et de n'employer que la coercition (force brutale de l'exclusive souveraineté du peuple) : ce qui, moralement, conduirait à l'anéantissement de la personnalité humaine (zoócratie), et logiquement *ad absurdum practicum*, c'est-à-dire, à l'impossibilité.

Envisageons maintenant le côté de l'association libre, c'est-à-dire en dehors de la contrainte par l'État, que nous venons de démontrer impossible, en vue de former des sociétés partielles d'industrie et de commerce. — Mais, l'État s'est-il jamais opposé à la réunion contingente des hommes pour l'exercice de leurs libres fins matérielles? Seulement la nature psychologique de l'homme impose ses limites, et l'expérience les confirme par les faits anthropologiques du manque de succès dans ces diverses associations. Plus le nombre des membres d'une association partielle sera grand, et plus il est assuré que l'association n'aura pas de durée. En effet, qu'on veuille bien songer aux conditions que nécessite la prospérité de l'union. Il ne s'agit point ici, comme dans l'union matrimoniale, de l'abandon de la raison de chacun de ses membres conjoints au profit respectif de l'un et de l'autre, abandon autorisé par le principe qui constitue cette union (*ex lege*), en vue du but final de l'intérêt physique et moral des enfants (1). Rien de semblable n'entre dans les conditions (*ex pacto*) de l'association économique.

Veut-on savoir le pourquoi du non succès, le voici : la volonté humaine a ses aberrations toujours subsistantes (2). Et

---

(1) Union dès-lors rendue sainte, sacrée, indestructible. Et n'est-ce pas, en effet, ce que postule la raison d'accord avec le doux et irrésistible sentiment qui porte à cette ineffable conjonction, si palpitante d'émotions quand elle se conclut, si douloureuse quand le temps (avec sa faulx) la détruit : raison et sentiment des hommes qui ne veulent point d'une union par simple contrat (*ex pacto*), tant juridique fut-il, car encore serait-elle susceptible d'une lésion quelconque, que, par anticipation et avant d'en cimenter le fait, les deux conjoints repoussent avec réprobation comme un crime, pour en vouloir sa durée éternelle : ce qu'il est en toute réalité ? — Cette maxime ou plutôt cette vérité, je serais bien heureux de l'introduire dans le domaine universel du savoir, quoiqu'elle y soit instinctivement, pour le bonheur privé des douces relations de la vie conjugale, et les salutaires influences qu'elle aurait sur les enfants, et par suite, sur les générations, désormais plus nobles, plus d'gues, plus morales, plus procréées à l'image de Dieu, pour l'accomplissement de leurs destinées absolues. — Qu'on pèse, sous l'impression de cette considération, ce que vaut la prétention d'une loi qui permettrait le divorce.

(2) La règle de cette volonté serait sans doute la *consc ence morale*. Mais, ne l'appelle-t-on pas une autre *folie de la croix ?* Si cette

si, dans la condition d'*associé*, vous êtes sans maître, c'est-à-dire, sans autre commandement que votre *volonté propre*, celle-ci, fragile de sa nature, se laissera aller à la *volonté stimulée* par des motifs extérieurs quelconques, ou à la *volonté instinctive* de la paresse; et la *volonté pragmatique*, celle du but de l'association, n'aura pas son accomplissement.

Si vous ajoutez à ces conditions négatives, celles qui tiennent aussi à l'essence même de l'homme, à savoir, à sa *dignité morale* qui se trouve affectée par le manque de jouir de sa *liberté*, c'est-à-dire de travailler comme il l'entend, que lui enlève l'association, où probablement l'excellence du travail de l'un modifiera la tendance de l'autre, ce qui peut engendrer le *dégoût* et nuire à la *jouissance de l'existence;* si encore, par suite de sa faculté de *conservation propre*, l'associé, quoique blessé dans sa liberté d'agir à sa guise, persiste, par soumission au règlement, dans son propre engagement de sociétaire, sa *spontanéité* peut s'en trouver altérée, et le sentiment d'*indifférence* y sera substitué, qui paralysera sa *raison* (rendue mécanique); il faudra conclure de tout ce qui précède, que l'établissement des prétendues libres associations économiques, dans la proportion où, en les exaltant, on

conscience, qui a disparu sous l'insuffisance religieuse, était pourvue de la certitude rationnelle (existante dans les lumières philosophiques actuelles), le problème socialistique n'apparaîtrait plus; et sous l'influence éclairée de cette certitude, tout se rangerait dans les cadres stricts d'une haute moralité fondée sur le *but propre* de l'homme. La propriété ne serait plus attaquée; le mérite ne serait plus contesté, et trouverait sa place dégagée de toutes ces poursuites étrangères qui, aujourd'hui, sous le nom de *camaraderie*, ferme la porte à toutes les prétentions justifiées : prétentions repoussées par cette diabolique inscription du pandémonium de l'*Esprit du siècl:* (Schlegel) : *Nul n'entre ici s'il n'est corrompu.* — Et le bon public n'y voit rien (*Schiller.*)

semble les rêver possibles, est encore un leurre donné à la candide attention des bons ouvriers. — Ça ne vaut-il pas la peine d'y faire attention, avant de vous y engager, Messieurs les ouvriers?

Nota. — J'avais réuni d'autres notes se rattachant aux respectives invectives interminables, dont les journaux spéciaux retentissent dans *leurs intérêts* de propagande, entre, tour-à-tour, MM. Proudhon, Pierre Leroux et Louis Blanc, mais j'ai eu la honte au front de m'attaquer à ces litanies de l'enfer, probablement conçues dans ce concile stigien dont parle le poëte, où Satan préludait à la chute de l'homme, son ennemi, à qui il r 'onné la mort (le paradis perdu) « avant qu'il » eût trouvé le serpent, qui devait le cacher dans ses replis » tortueux, lui et la noire intention qu'il porte. »

Après tout, le public, tant peu éclairé de ces lecteurs habitués à de telles homélies à l'usage du peuple, finira bien par faire justice du bouffon et du cynisme qui règnent dans ces stupides platitudes, rappelant la licence de la mascarade, l'esprit du orang-outang uni au coupe-gorge des brigands de la forêt. — Il n'y a pas de prise contre de tels animaux. Il faut les laisser se dévorer entre eux, et détourner nos regards de ces hommes dépravés qui, de leurs ongles, ont gratté, de leur face, l'image de Dieu!

Il n'est pas jusqu'au *National* du lundi 7 ou 14 janvier 1850, qui ne s'en mêle aussi en faisant du socialisme (mitigé) qu'il réduit à n'être plus qu'une perfectibilité indéfinie et indéterminée, ce risible progrès des Saints-Simoniens, adhérents et dissidents. — C'est la finesse du joueur de gobelets qui, en escamotant la difficulté, en laisse l'interprétation, peut-être intentionnelle, à tout chacun. — Qu'on se rappelle comment Lacenaire interprétait le progrès!

Et aussi de la *Presse!* — Quant à celle-ci, depuis longtemps atteinte et convaincue de socialisme, notre étonnement n'est pas grand. Toutefois, est-ce le diable ou le manque de

lumières (pourtant elle se targue d'avoir et de présenter des
idées sur *tout*) qui lui a fait écrire, 16 février 1850, à propos
de la prétendue *misère du peuple*, que « c'est l'ignorance du
pouvoir comme *cause* qui produit la misère comme *fait*? Otez
la cause, dit-elle, et vous n'aurez plus l'effet. » C'est effectivement très-logique. — C'est faire, ni plus ni moins, le pendant du fameux enthymème de M. Proudhon : « Les gouvernements ne peuvent rien, *ergo* plus de gouvernements. »
C'est aussi très-logique. Rien n'est plus commode que la logique. Il est vrai qu'avec ses règles purement *formelles*, elle
est impuissante à altérer en rien la *matière* qui lui est soumise. C'est un jeu d'enfant à l'usage de ces anciens *sophistes*
de la Grèce, nom primitif des investigateurs de la vérité, devenu si odieux et si méprisable, qu'on lui substitua le nom de
philosophes, devenu aussi infâme sous la profession de ceux
qui prétendent si ignominieusement en cultiver la *chose*. —
La coïncidence de la *Presse* avec M. Proudhon était déjà con-
nue. Le spirituel caricaturiste, Cham, en plaçant le diable dans
le confessionnal, et Proudhon et son acolyte sur les deux
escabots latéraux, rendait concrète la triple image, cette autre triade du prince des ténèbres avec ses deux assesseurs,
comme qui dirait :

« Moloch, qui a la prétention d'être l'égal en force à l'Éter-
» nel, qui, de Dieu ou de l'enfer, ou de pire de l'enfer ne
» tient compte ; »

Et « Bélial, d'une contenance plus humaine. En lui tout
» est faux et vide, bien que sa langue distille la manne, et
» fasse passer la plus mauvaise raison pour la meilleure. »

Et c'est le peuple, qui flotte à tous vents, que l'on mène
par le *semblant* (KANT), qui fait une révolution pour de nobles
droits politiques (la *Réforme*), et qui s'en détourne pour
se vautrer, sous l'inspiration de ces suppôts de l'enfer, dans
d'*ignobles* buts matériels, buts qui, sous le prétexte hypocrite
de lui faire avoir... du pain, ne vise qu'à lui faire rendre (on

lui fait accroire) les biens dont on l'a spolié jusqu'à ce jour ;
et c'est ce peuple de marionnettes, dont la *Presse* et consorts
tiennent les ficelles, qui se laisse aller à de telles illusoires
amorces ! inconséquence qui tourne à son préjudice. La monarchie lui laissait *librement* gagner son pain, la République,
ne pouvant pas même lui faire *l'assistance* (qu'il demande ou
ne demande pas), le réduit *nécessairement*, sous l'influence
de ces ignobles réclamations, à la misère. — Il rêve, dit-on,
une révolution qu'il couve, et dont il prédispose les éléments
sous le règne pacifique des associations, pour lesquelles on
demande des fonds à l'État (des verges pour le châtier, est-il
fin, le diable?) Nouvelle illusion. Quelle est donc celle dont,
jusqu'à ce jour, et depuis qu'il se mêle d'en faire, il ait gardé
les fruits? A-t-il conservé 93? Je ne parle pas de celle de 89,
elle n'est pas son fait : aussi, les principes et les conséquences
s'en poursuivent-ils. A-t-il conservé ses conquêtes, tant politiques que matérielles, de l'Empire, que les Cosaques lui
ont ravi, à tort ou à raison, au nom du sang de Louis XVI,
qui, peut-être, encore aujourd'hui, crie vengeance? A-t-il
conservé ses acquêts de 1830, que le modérateur et pers-
picace Louis-Philippe (que je n'approuve pas) lui a enlevé
insensiblement? Et sa victoire de 1848?..... — Peuple (puisque c'est le nom qu'on te donne, même la *Presse*), que l'expérience de soixante ans de mécomptes possessifs tourne à
ton avantage. Jouis de tes droits qui *revendiquent la souveraineté morale pour les sauvegarder;* jouis de ta liberté qui
fonde la souveraineté nationale, on ne saurait te les ravir.
Ils sont écrits maintenant en lettres d'or sur les tables de diamant, que n'altèrent ni le fer ni le feu, de la justice inconditionnelle. Élève ta famille sous la sainte protection de la moralité. Que le travail suffise à tes besoins vrais; ceux-ci sa-
tisfaits, dans les limites de la prudence et de la résignation
que commande toute position sociale qui n'a rien d'arbitraire,
permettront encore, par le loisir dû au fruit de l'économie,

de régénérer par l'esprit plus développé ton corps déchu par
la bête. — Ceci est conseil d'ami désintéressé, qui vit au milieu de toi, dans un des faubourgs les plus populeux et les
plus laborieux, qui jure solennellement de travailler à ta dignité et par elle à ton bien-être. L'ouvrage présent, *à quelles
conditions la République est possible*, et ces lignes, qui en
sont des scholies, sont mes titres de créance sympathique.

· Nos occupations nous empêchent la lecture quotidienne de
tous les journaux. D'ailleurs, qu'auraient-ils à nous apprendre? Toutefois, l'un d'eux, la *République* du 17 février 1850,
nous arrive sous les yeux, et malgré l'espace qui nous limite,
nous ne pouvons nous empêcher de flétrir d'un stigmate d'in-
dignation l'article de M. Pierre Leroux. — Il passe en revue, en homme érudit, pour en venir à ses fins *connues*,
tous les moments (opérations ou évolutions) gouvernemen-
taux, depuis qu'ils se sont manifestés sur la terre. C'est toujours le même principe, celui des destructeurs, à savoir, que
les gouvernements n'aboutissant qu'à *un ordre contesté*, il
y a lieu d'en conclure la conséquence *qu'il faut s'en passer;*
et il raisonne logiquement (*formellement*), en disant que la
dernière évolution gouvernementale qui réside dans le suffrage
universel, aboutissant encore et toujours à faire d'un *roi* (mo-
mentané) un *sujet* (renouvelé), cette contradiction n'est pas
tolérable. De là, sa chimère, celle offerte par lui pour concilier
la contradiction, dans une formule de *pesanteur universelle*
(ce mot est risible en politique), cette loi de *l'inertie*, appliquée à l'homme, cet être doué de raison, conséquemment
d'une loi de *spontanéité* (liberté). Et voilà comme, sans
égard au vrai et au bien, ces deux conquêtes de la spontanéité, en même temps qu'ils sont la règle (critérium) de ce
qu'il reste à faire encore, et voilà comme, à l'aide de *contes
bleus*, écrits pour les grands enfants, en vue de les tenir

éveillés, on embauche intentionnellement le désordre. Je dis intentionnellement; mais lors même que la panacée désordonnée de M. Pierre Leroux ne serait pas intentionnelle, elle n'en constituerait pas moins une erreur *matérielle*, suivant cette règle de l'école, « que la raison fondamentale de toute » erreur consiste dans l'influence occulte de la sensibilité sur » l'entendement. » En effet, la sensibilité, qui n'a pas mission de juger, mais seulement de produire ses phénomènes, juge dans le cas présent, cas où s'agissant de moralité qui demande une détermination *stricte*, il ne faut pas lui donner, comme on fait ici, une détermination *large* comme dans un fait historique. — Mais ce n'est pas là le plus grave, quoique ça le soit beaucoup en regard de la raison et de la société. Il va plus loin dans son assimilation parallèle de l'État et de l'Église. Selon lui, le christianisme est à bout dans son principe de *l'obéissance*, en qui il fait résider tout le christianisme. Or, comme l'obéissance est un état contre nature dans l'État, c'est aussi un état contre nature dans l'Église. — Pauvre philosophe, que M. Pierre Leroux! la science a fixé l'attribution de son caractère dans la *misologie*, c'est-à-dire dans la haine de la raison par impuissance scientifique (sauvage). En effet, sa mystique sentimentalité, cette inerte faculté d'amour ou de sympathie physique, qui, dans la première période de l'humanité, a développé la fraternité, ce drapeau renouvelé des orientaux pour notre République, saurait-elle s'allier avec les spontanées facultés hyperphysiques qu'a développées aujourd'hui la raison infinie? Aussi, voyez comment il interprète la religion qui n'a pas même, pour lui, l'utilité de cette loi secondaire, la loi morale, qui n'appartient point à la religion, parce qu'elle n'est toujours, cette loi secondaire, qu'un commandement temporel, régulateur des intérêts physiques de la terre, celle de *ne faire à autrui que ce qu'il voudrait qu'il nous fît*, puisqu'il réduit le christianisme, qui a reconnu et consacré ce commandement, à n'avoir plus son effet, la soumission

7

à l'ordre moral. Et dans son mysticisme, qui n'est qu'un monstrueux abrutissement intellectuel, le christianisme est une lettre close pour son horizon misologique, qui ne peut lui permettre d'y lire les trois problèmes constitutifs de la réalité humaine, le problème du *Verbe*, le problème de la *réhabilitation morale*, et celui de la *régénération spirituelle*, si clairement annoncée dans *l'esprit de vérité*, que l'homme postule si impatiemment avec ses incessants *pourquoi?* Et M. Pierre Leroux d'avancer, sans vergogne, que le christianisme a fini, lorsqu'il n'a pas même commencé, après dix-huit siècles de son infructueuse et prétendue connaissance. Attendez, M. Pierre Leroux ; et vienne, sous l'inspiration de l'Église, qui en est dépositaire, dès aujourd'hui illuminée, une tête qui, dans son harmonie du sentiment religieux avec la raison transcendante, aborde le problème du Verbe *dans l'homme*, comme principe initial, et les conséquences finales des deux autres problèmes techniques de la religion chrétienne, en découleront comme des créations humaines nécessaires. Vienne cette tête, et la voûte de Notre-Dame de Paris, pas assez vaste pour contenir les hommes qui voudront en entendre la parole comme une satisfaction au postulat infini de la raison humaine, donnera un démenti à votre prétendue extinction du christianisme, renouvelée des Saints-Simoniens, de qui vous procédez. — Je vous laisse sur ce terrain, avec le regret de n'avoir pas, contre vous et vos stupides consorts audacieux, un journal à ma disposition, comme vous avez les vôtres, pour, dans l'espace de peu de temps, détruire à jamais vos sauvages et sophistiques argumentations, à moins que persévérant dans votre opinion, il faille cesser de raisonner. « Alors, » comme dit l'immortel Kant, vous vous seriez montré, par le » fait, aussi incapable qu'indigne d'entendre raison et d'être » redressé ; car on ne peut démontrer à personne qu'il est » absurde, ce serait peine perdue. Si l'on prouve l'absurdité, » on ne parle plus à un homme qui est dans l'erreur, mais

» bien à un homme raisonnable. Il n'est pas nécessaire alors
» de découvrir l'absurdité. » — Je vous ai jeté mon gant,
M. Pierre Leroux !

L'auteur de la présente note, en vue de détruire, chez un
ami (une de ces ames malheureuses, placée entre deux
écueils, une liberté sans frein et une nécessité [moralité]
inexorable) un sentiment ambitieux et faux, susceptible de
se nuire à lui même et de jeter la perturbation dans de pro-
fonds intérêts étrangers, auquel il se livrait avec violence, et
non sans les plaintes dues aux obstacles, crut devoir, à lui
déjà préoccupé des graves questions de sa *réalité propre*
qu'enseigne le christianisme, selon les susdits problèmes, le
rappeler au principe de sa *messianité*. — Sans plus de préam-
bule, nous croyons bien faire, en mettant sous les yeux de
notre lecteur, la réponse qu'il fit, qui, en prouvant l'impossibilité ou la difficulté *présente* de réaliser ou plutôt *d'accomplir* le christianisme, accomplissement qui permettrait dès-
lors une considération plus élevée, celle de la *création propre*, annoncée dans la venue promise de *l'Esprit de vérité*,
affirme sa possibilité *positive* pour des temps *prochains*. —
Voici un extrait de cette réponse.....

« Je n'ai plus qu'à murmurer contre le destin que je me
» suis fait, et qu'il me faut subir avec douleur... Je ne suis
» point encore doué de cette céleste vertu, à laquelle vous me
» rappelez, qui ressuscitera les morts pour leur donner la vie
» éternelle. Je n'ai point encore amoncelé mes fautes, mes
» erreurs, mes faiblesses, sur mon Golgotha ; je n'y ai point
» planté ma croix ; je n'y ai point cloué mes membres corpo-
» rels pour les entraver dans leur mouvement déréglé ; je n'ai
» point enfoncé la lance *volontaire* dans le cœur, ce centre
» de la vie physique qui me régit toujours, pour, en clore
» l'existence ; je ne suis point descendu dans les limbes de
» ma longue carrière, pour, en en considérant toutes les libres

» actions, réalisées sous les conditio s de la terre, leur an-
» noncer la bonne nouvelle de la r'surrec ion; je n'ai point
» encore, par cette résurrec ion, revêtu l'homme nouveau qui
» donnerait à ces actions, désormais ressuscitées, le caractère
» de pureté de l'Éden retrouvé; non, bien que l'agonie du
» mont des Olives (qui est toute la vie) s'accomplisse avec
» tant d'intensité pour m'en préparer la voie. Non, et mes
» actions et mes maximes tiennent toujours à ces conditions
» physiques, qui, je le sais, les laisseront mourir parce qu'elle ;
» sont nées, quand les conditions régénérées leur donneraient
» l'*être* pour ne plus cesser. Je sais cela, je sais que c'est là
» la destination finale de l'homme; et pourtant je m'en dé-
» tourne, je veux jouir des basses régions, je veux du bon-
» heur avec son amertume. Les obstacles tuent ma longani-
» m'té et avivent mon impatience. Si cette destination est la
» couronne de roses et d'immortelles de l'humanité, moi, quoi-
» que la reconnaissant, je sens que le milieu dans lequel je
» vis m'en empêche l'accomplissement. Je veux ma place au
» soleil; une autre terre aura un autre astre, qui, en l'éclai-
» rant, rayonnera les lumières d'une autre félicité; où chacun
» trouvera sa moisson. Mais, jusques-là, l'anticipation est
» une erreur, je le sens à mon irritation et à mes douleurs.
» Semblable à Prométhée, j'ai touché au feu du ciel, et il m'a
» brûlé les doigts. Pour punition, il a réveillé le feu de mon
» sang, et je sens à sa flamme que je suis toujours un mortel.
» — Dans cette condition, c'est assez de m'en tenir à la stricte
» moralité du devoir. Bien observé, il peut m'aider, non sans
» mal, à écraser la tête du serpent; et cette règle est suffisante,
» par le temps qui court, pour laisser ma conscience tran-
» quille et ne point troubler celle d'autrui... Mais, laissez-moi
» la maxime de ma passion, laissez-m'en caresser l'idéal sans
» en palper la réalité; et vous-même, sauriez-vous être plus
» vainqueur?... »

Voilà un exemple fourni à l'Église, à l'aide duquel, en se

fondant sur ses inhérentes formes, de dogmes et de symboles, rajeunis par l'exégèse de ces *nouveaux* problèmes, ensevelis depuis bientôt dix-neuf siècles, qui lui sont signalés aux pages 478 et 479 des *Prolégomènes du Messianisme*, où s'en trouve la solution ; voilà, disons-nous, un exemple à l'aide duquel elle pourrait donner à tous les hommes cette haute faculté (le Verbe) de réveiller leur vie de mort, dont le Christ, comme modèle, leur enseigne le *chemin de la Croix* pour ressusciter comme lui à la vie éternelle ; exemple, à l'aide duquel, encore, elle pourrait donner à M. Pierre Leroux, si tant est qu'il soit encore chrétien, le démenti de sa prétendue impuissance du christianisme.—On pourrait comprendre alors comment *la foi* (jusqu'alors libre) *ne serait plus libre*, mais contrainte par la raison ; et comment alors la foi ou croyance ferait place à la *certitude* pour toutes les questions analogues, Dieu, liberté, immortalité, etc., qui n'ayant jusqu'à présent qu'une valeur *subjective* (de foi), qu'on ne peut introduire chez autrui, deviendraient dès-lors *objectives*, susceptibles d'enseignement rationnel. — C'est la philosophie, nommément la *philosophie absolue*, qui, en recevant ces problèmes de la religion, les a d'abord soumis à sa cognitive détermination, et en a ensuite donné la solution, solution religieuse, ainsi qu'on peut en trouver ici un essai approché ; solution philosophique, trouvée dans le catégorème de *force*, et ses idées conjointes de *causalité* et de *substance*, en vue d'un *but propre* (autotélie).— *Voir* le même ouvrage, les *Prolégomènes du Messianisme*, aux pages 180 et suivantes.

Note se rattachant aux folles prétentions des réactionnaires et conservateurs.

Je voudrais le dire avec ménagement, mais enfin je voudrais le dire : rien, jusqu'à ce jour, n'a enseigné les Français, ni leurs révolutions sans résultats, ni leurs restaurations sans retour. Le parti libéral, *avant*, est aussi excentrique dans ses prétentions, que le parti illibéral, *après*, est restrictif dans ses exagérations ; et l'un et l'autre, *pendant* leur court règne, n'entendent rien au gouvernement dont, de leurs mains inhabiles, ils tiennent les rênes. Ce sont des myopes qui n'ont d'autre horizon que celui de leur nez. Double et nécessaire situation qui met incessamment la France dans un double péril. D'un côté, c'est la dislocation véritable de la société, économique, législative, religieuse et intellectuelle (par absence, *vacua*) ; de l'autre, c'est, en succédant à un tel ordre de choses par le fait de son antagoniste, une tendance, plus que cela, une action *réactive* où, pour passer de l'absence d'ordre à l'ordre, la loi, de législative (*per cives*), devient autocratique (*dictatoria*). Du côté ultra-libéral, nous avons eu juin et ses récidives ultérieures ; du côté ultra-illibéral, que voyons-nous dans les réactionnaires, ceux entre autres si étroitement réunis dans la rue de Poitiers ou *ailleurs*, peut-être dans quelque antre mystérieux : réactionnaires dont les vues, que je ne qualifie pas, sont mille fois plus funestes au gouvernement QU'ILS MINENT SOURDEMENT, que les principes des socialistes à l'égard du peuple auquel ils s'adressent (1)? S'ils se plaignent, ces réactionnaires coupables, des almanachs *rouges*, que dirons-nous de leurs almanachs *blancs*, et de leurs surannées et nauséabondes revues (qui distillent de l'eau claire) vouées à l'Église (le clergé) leur protectrice patronne, à l'instar de ces enfants rachitiques voués superstitieusement au blanc éphé-

---

(1) Chez les Grecs, les dialecticiens (la dialectique est un art qui pose des faux principes sous l'apparence du vrai) étaient des avocats et des rhéteurs qui conduisaient le peuple comme ils voulaient, parce que le peuple se laisse conduire par l'*apparence* (KANT). — Je laisse la responsabilité de l'assertion à l'illustre philosophe.

mère ; de leur *Messager de la Semaine*, cet arrière-né de la rue de Poitiers, dans lequel un débonnaire abbé veut restaurer la paix troublée de la France avec les *OEuvres de Prévoyance qui valent mieux, avec leurs vertus, que les plus savantes combinaisons...* et qui, PLUS QUE TOUT LE RESTE, *aideront à la solution du grand problème des temps modernes?* — Pauvre bon abbé! le jour de la Pentecôte n'est pas encore *descendu* sur lui. — Nous l'avons entendu, de mémoire naguère monarchique, dans sa propagande de l'OEuvre de Saint-François Xavier. Les ouvriers d'alors, brigands du suffrage universel d'aujourd'hui, étaient plus à plaindre que les serfs du maître du moyen-âge. — Il a bien réussi à les émanciper. Gloire lui en soit rendue!—Nous l'avons vu encore à l'œuvre de son vaste établissement de placement *gratuit* (à quelles conditions?) des ouvriers et des domestiques; établissement sans doute doté par les riches *honteux* qui, à l'instar de certains pauvres, se cachent dans l'ombre. Nous lui souhaitons un plus moral succès dans ses OEuvres de Prévoyance qui *doivent résoudre le grand problème des temps modernes.* — S'aurait-on s'étonner, après cela, de toutes ces folles apparitions systématiques de doctrines prétendues efficaces, du bonheur social, les associations de M. Louis Blanc, la triade de M. Pierre Leroux (*risum tenuitis!*), et le système du plus conséquent de tous ces néo-réformateurs, M. Proudhon?— Celui-là, au moins, est positif, net, clair, autant qu'il est explicite. Il dit :

Parti libéral, parti illibéral, vous ne faites que des révolutions, et n'aboutissez qu'à des gouvernements qui périssent, donc, *plus de partis.* Et à sa voix, comme à celle de Dieu, les partis vont disparaître.

Les gouvernements ne peuvent réduire les partis, donc, *plus de gouvernement.*

Quoi mettre à la place des partis et du gouvernement? *l'anarchie, la liberté absolue de l'homme et du citoyen.* —

Cela est naïf. — *Lux fiat*, dit le nouveau créateur. — Alors le bonheur luira sur la terre. Il ne dit pas en quoi consistera le bonheur bâti sur cette nouvelle lumière. Il y faut suppléer :

Le mal aura disparu de la surface de la terre.

Commentaire : Le mal est l'opposition du bien. Si le bien n'existe plus, il n'y a plus de mal. — Le diable n'aurait pas mieux dit, ni ne prétendrait mieux faire !

Il manque quelque chose à M. Proudhon. Contrairement à Dieu, qu'il veut remplacer (*Dieu, qui est le mal*, il nous l'a prouvé !), Dieu qui, lui *au moins*, fit quelque chose (rien que tout l'univers et M. Proudhon par dessus cette universalité) de rien. M. Proudhon de rien ne fera rien, suivant la règle étiologique qui veut que l'effet réponde à sa cause. S'imagine-t-il donc que, de son cerveau creux, dans lequel n'a pu être porté l'hodégétique (providentielle) du monde antérieur à lui, qu'on appelle l'humanité entière, dont les lumières éclairent les esprits qui savent *recevoir*, comme les astres, éternelles pensées du Créateur, éclairent le monde physique ; qui n'a pu digérer la substance, de plus en plus spirituelle, du savoir humain ; qui ne *conçoit* aucun principe à ce développement progressif, ni ne *perçoit* ses conséquences finales ; s'imagine-t-il donc que de sa fameuse et susdite proposition en trois points, essentiellement apogogique, en ce sens que de la fausseté qu'elle implique on conclut à la proposition opposée, celle que la simple *foi rationelle morale* (qui n'a que faire du savoir) que la pratique *foi historique* (que le savoir appuie) postulent comme un acte de la raison ; s'imagine-t-il donc que de son énonciation va sortir le monde nouveau, tout formé comme Minerve de la tête de Jupiter ? Votre postulat, M. Proudhon, est tautologique, c'est-à-dire vide ; et votre conséquence n'est pas redoutable, en ce qu'elle est impossible en usage pratique. Elle peut servir à brouiller le monde des esprits comme le vôtre, à qui Dieu, suivant le poète : « mit par dérision, sur

» leurs langues, un sens d'obscurité, qui les fit s'appeler les
» uns les autres sans s'entendre, jusqu'à qu'enroués et tous
» en fureur comme étant bafoués, ils se battent. Une grande
» risée fut dans le ciel, en voyant le tumulte étrange et en
» entendant la rumeur : ainsi la ridicule bâtisse fut abandon-
» née et l'ouvrage nommé confusion. »

(Milton, traduction de Châteaubriand)

Douce ironie, votre divine souveraine, M. Proudhon, elle
ne portera pas le trouble dans nos œuvres de reconstruction
(le Paradis reconquis). L'apostrophe finale de vos *Confessions* est un mécompte dont il faudra que vous retourniez les
fruits sur vous-mêmes : prenez-en votre parti !

Note sur le fameux droit au travail.

Droit au travail demandé à l'État, c'est comme si l'on
demandait à Dieu le *droit à vivre*, c'est-à-dire, à ne pas mourir. — Est-il possible qu'une telle et si logomachique locution
se soit introduite dans le dictionnaire moral et même linguis-
tique de la parole humaine? Mais aujourd'hui, à quelle excen-
tricité n'est-on pas fondé à s'attendre?

Sans recourir à la cause mystérieuse qui a donné naissance
à une telle et si immorale prétention, contentons-nous d'en
scruter, par anticipation sur le traité didactique qui doit la ré-
futer, la signification initiale et le résultat final. Ce qui n'est
pas difficile, car il est manifeste, quant à la signification, que
si tout homme a *droit* à ce qu'on lui *donne du travail*, et,
c'est la conséquence légitimement postulée du principe accompli de l'exclusive souveraineté du peuple, il s'en suivra logiquement, sans tenir compte de toutes les préparatoires perturbations économiques qui, il est vrai, empêcheraient proba-

blement cette absurde prestation du travail, que la propriété, sous quelque forme qu'elle soit dans son existence actuelle, sera anéantie dans son caractère privé, pour revêtir, peu à peu le caractère public (de l'État), et que la misère universelle d'abord, et ensuite l'extinction finale de tout but humain, quel qu'il soit, matériel ou spirituel, immanent et transcendant, en seront la nécessaire conséquence (chute morale). Aussi, avait-il bien raison, M. Proudhon, en disant, dans son burlesque discours du 31 juillet 1848, *accordez-moi le droit au travail, et je vous abandonne le reste.* Il était logicien envers son principe *de la propriété, c'est le vol.* Il aboutissait à ses vues sataniques ; il réduisait l'homme à n'être plus possesseur que de la portion congrue que l'État, sans doute, lui aurait fourni, comme on donne au chien gardien, auquel il serait assimilé, la pitance qui doit l'empêcher de crever. — Toutefois, son double postulat était chimérique, et dans son principe du droit au travail, et dans sa fin, de l'extinction de la propriété. En effet, d'une part, les industries que l'homme développe, et qui aboutissent, par le meilleur emploi ou le maximum d'emploi de ses forces industrielles, physiques et intellectuelles qu'il tient du Créateur, à son action économique, ou à son travail rendu systématique ; les produits qui résultent de cette action économique, dès-lors constitutifs de la richesse sociale, qu'on peut soumettre à des règles mathématiques, pour en percevoir la meilleure pondération (s'établissant, d'ailleurs, à l'instar d'un rouage mécanique, par l'action et la réaction économique, l'action individuelle de l'industrie concurrente, et la réaction universelle de la répartition du produit social, production et besoin s'équilibrant), de manière à ce que les bénéfices des diverses branches économiques ne soient point lésés à l'égard du producteur, dans ses diverses conditions de *rentes* par rapport au sol, d'*intérêt* par rapport au commerce, de *salaire* par rapport au travail *brut*, et de *gratification* par rapport au travail *cultivé;* ces industries et ces produits, dis-je, ainsi cons-

titués par *une loi de nature*, essentiellement propre à l'homme,
essentiellement irréfragable, sont une preuve d'impossibilité
d'en altérer l'émission; bien plus, d'impossibilité, lors même
qu'il serait législaté, de l'établissement de ce *faux droit au*
travail, c'est-à-dire, d'un travail donné à la demande arbitraire. Ce serait un ressort qu'on aurait soumis à une fausse
courbure, et qui reprendrait, de force essentielle, sa naturelle
direction. — Voilà qui est pour le principe.

Voyons, d'autre part, pour ce qui est de la conséquence, à
savoir, l'extinction de la propriété. — Mais, si l'on considère
que la propriété n'est rien plus que du *travail accumulé* par
les moyens physiques et intellectuels que le Créateur nous a
donnés, ainsi que nous venons de le voir, travail accumulé
dans la rente provenant de l'*industrie d'exploitation*, dans
l'intérêt provenant du commerce de l'*industrie commerciale*,
dans le salaire provenant de l'*industrie des objets de besoin*,
et dans la gratification provenant de l'*industrie des objets*
d'art, la prétention de ravir à l'homme sa propriété, quelle que
soit l'origine de son acquisition, directe par soi-même, ou in-
directe par succession d'ancêtres, acquisition qui est toujours
du susdit travail accumulé, conséquemment fruits des facultés
données, aussi impossibles à lui enlever ou à lui modifier dans
sa tendance personnelle (à sa guise comme à celle de l'animal),
qu'il est impossible de lui ravir l'air respirable, les unes (facultés), et l'autre (propriété), étant indépendantes de la liberté
humaine (autant ou l'État n'y pouvant y porter atteinte), puisqu'elles sont dépendantes de la nature donnée ou créée; la
prétention, dis-je, de ravir à l'homme sa propriété ainsi con-
sacrée comme sur une pierre de granit, est donc impuissante,
ridicule, immorale, athée, destructrice de l'ordre du monde,
satanique, attentatoire aux desseins du Créateur, qui, par le
loisir que donne la propriété, par plus d'absence de travail
physique, permet à l'homme et la noble spéculation du savoir,
précurseur de sa vie hyperphysique, et le doux accroissement

de sa famille, conséquemment de la population, à laquelle, par les successives générations, il est donné de chercher et de trouver la *vérité*, seule cause explicative de la présence de l'homme sur la terre. — Aussi, comme l'illustre auteur de la *Réforme du savoir humain*, auquel nous empruntons les idées ici exposées dans l'*Adresse aux nations civilisées, dédiée au général Cavaignac*, pouvons-nous nous écrier : « Qu'il n'y a » qu'une profonde ignorance ou une profonde immoralité qui, » *sous un prétexte quelconque*, peut vouloir attenter à cette » sainte légitimité du droit de la propriété. »

Mais, pour donner encore plus de garantie à ce droit sacré de la propriété, nous allons extraire de la *Philosophie de la politique*, dont, pour notre étude propre, nous avons fait un résumé systématique (rapide analyse), la partie de ce résumé qui concerne la propriété, son origine et sa sauve-garde, partie qu'on pourrait appeler la *l'hilosophie de la justice civile*. — La voici :

JUSTICE CIVILE. — *Garantie des droits fixant la Propriété.*

A) Sa détermination *philosophique*. — Caractère de *nécessité* irréfragable.

  a1) Sa base prise dans *l'essence intime* de l'homme.

    a2) Conditions de l'origine des droits des hommes.

      a3) Comme *êtres raisonnables.*

        a4) *Raison pratique* de l'homme, sa qualité hyper-physique et spontanée.

        b4) *Moi absolu* de l'homme, sa base ou substratum inconditionnel.

      b3) Comme *auteurs d'actions libres.*

        a4) Création de lois spontanées, avouées par tout homme. — DROITS.

        b4) Soumission *propre* à ces lois spontanées. — DEVOIRS.

— 109 —

*b*2) Manifestation des droits des hommes. — Lois MO-
RALES.

   *a*3) Dans le *sentiment*, avec caractère (étranger) d'un
       impératif de soumission.
   *b*3) Dans la *cognition*, avec caractère (propre) de lé-
       gislativité (aptitude à devenir lois universelles).
*b*1) *Déduction* de la justice civile ou des droits fixant la
   propriété.
   *a*2) Principes.
      *a*3) Modes *réels*.
         *a*4) Principe premier de l'acquisition de la pro-
             priété. — Connexion originelle entre le moi
             spontané (absolu) et le non moi *réel* (chose).
             *a*5) Acquisition par le fait même — *Ex facto*.
             *b*5) Doué du caractère de législativité (de pou-
                 voir s'établir en loi universelle). — Droit
                 MORAL, sans lequel l'exercice de la sponta-
                 néité dans le monde physique serait im-
                 possible.
         *b*4) Principe secondaire de l'acquisition de la pro-
             priété. — *Cession de propriété.*
             *a*5) Acquisition par un acte ou contrat. — *Ex
                 pacto.*
             *b*5) Doué d'un égal caractère de législativité. —
                 Droit MORAL, sans lequel l'exercice de la
                 spontanéité dans le monde physique serait
                 limité.
      *b*3) Mode *idéal*. — Principe *exceptionnel* d'acquisi-
          tion de la propriété. — *Abandon de la volonté
          d'un être raisonnable, à la disposition d'un
          autre être raisonnable.*
          *a*4) Acquisition des attributions hyperphysiques et
              spontanées par une autorisation spéciale du
              Créateur. — *Ex lege*.

a5) Minorité des enfants; curatelle des interdits; dépendance des domestiques, du chef de la famille.

b5) Communauté absolue entre mari et femme; soumission politique des membres de l'État à l'autorité du souverain.

b4) Accomplissement du but du Créateur dans l'organisation physique de l'homme. — EXPRESSE LOI MORALE.

b2) Conséquences. — Le droit de propriété est ÉTERNEL, INVIOLABLE.

a3) Le testateur est libre, invariable et même arbitraire de son bien, en tant qu'il est soumis à sa raison entière.

b3) *La propriété subsiste avant l'État.*

B) Sa détermination *positive*. — CODES CIVILS, dans lesquels doivent nécessairement transpirer les principes ci-dessus exposés, etc.

Note sur l'Enseignement, se rattachant particulièrement au discours de M. V. HUGO, *à l'Assemblée législative, séance du 22 janvier 1850.*

Non, M. Victor Hugo, l'idéal de l'enseignement ne consiste point dans *l'obligation* et dans la *gratuité* de l'éducation. D'une part, par *gratuité*, vous chargeriez l'État de pourvoir à la culture intellectuelle de ses membres, avec les fonds des contribuables qui ne doivent participer aux frais de l'État que pour ce qui concerne la garantie des relations physiques, par la *coercition*. La garantie des relations morales en dehors de la contrainte, est du ressort de la maxime intime qu'on peut seulement *inviter* à s'épurer par la moralité et par l'intelligence, l'une et l'autre objet de la culture psychique. C'est l'Église à qui est dévolue cette haute fonction qu'elle exerce, *uniquement* par *l'invitation* à connaître et à aimer Dieu :

« Vous aimerez le Seigneur votre Dieu, de tout votre cœur...
» de TOUT VOTRE ESPRIT (connaître par l'instruction, résoudre
» les problèmes religieux de la *création* des choses, leurs
» conditions primitives et ceux de *l'existence* des choses,
» leurs conditions finales) et votre prochain COMME VOUS-
» mêmes (moralité, accomplir les lois morales par *comman-*
» *dement* et par *raison propre*.) »

Si l'État concourt au soutien de l'Église par ses ressources fiscales, c'est que les lois morales qui fondent son autorité primordiale, celle de l'ordre, pour réaliser le savoir (*connaître*), dérivent de la religion, comme il vient d'être signalé, et font ainsi partie inhérente de l'État : ce qui (soit dit en passant), détruit ces obscurantes prétentions de vouloir que l'Église ne soit point rétribuée par l'État, et ensuite jette le blâme sur cette autre erreur (accomplie) de notre temps, sur l'absence d'une religion de l'État.

D'autre part, par *obligation*, vous contraindriez une faculté *créée* de l'homme ; et on ne contraint point l'exercice d'une chose *donnée*. L'homme seul (et non autrui et non l'État) peut se contraindre par sa faculté propre, sa faculté créatrice (acte *autotélique*). Voyez, les lois morales sont choses données ou créées dans l'homme. L'État a-t-il le pouvoir de contraindre à l'exercice de ces lois morales? Si cela était possible, l'humanité entière serait pourvue de la justice éternelle révélée par ces lois : allez demander à nos révolutionnaires perturbateurs s'ils en possèdent seulement la première idée. Voyez, les facultés intellectuelles sont données ou créées dans l'homme. L'État a-t-il le pouvoir de contraindre à leur exercice? Si cela était possible, l'humanité entière serait consciente de toutes les hautes lumières acquises progressivement et qui font aujourd'hui le domaine de la philo-

sophie absolue. Allez demander à nos rhéteurs de l'instruction s'ils en possèdent la partie suffisante pour régenter
l'homme de tous les âges. — Il y a plus, l'obligation serait
ici une atteinte aux lois conservatrices de l'ordre du monde.
Ces choses données, tant facultés que sentiments, qui constituent les *droits* imprescriptibles de l'homme, entretiennent,
dans la marche progressive des événements (concours final),
qui peu à peu développent l'obligation propre (par invitation
[sentiment] et par devoir [cognition])) d'en exercer l'objet;
ces choses données, dis-je, entretiennent le maintien régu-
lier (normal) de la société, son amélioration successive, pour
que les charges, en décroissant, hiérarchiquement, par uniformité sociale, et pour que les profits, en augmentant parallèlement, par richesse sociale de plus en plus et de mieux en mieux
répartie, pour que charges et profits en résultent sous l'influence d'une *loi de parcimonie,* celle qui règle le monde des
cieux comme celui de la terre. — Je sais bien que par votre
idéal de l'obligation et de la gratuité, vous ne touchez qu'à la
forme extérieure, sans altérer le fond de l'instruction. Mais
la forme entrainerait le fond, et tout le monde en serait
ébranlé. — Songez à cela, M. Victor Hugo. Ce n'est pas un
esprit éclairé comme le vôtre, une moralité exacte comme la
vôtre, qui, par là, et en perpétuant votre faux idéal, peuvent
devenir drapeau levé en faveur du désordre; ce n'est point,
dis-je, un esprit comme le vôtre, qui doit se lancer dans les
aventures insolites. Autant doit-on en dire de toutes ces
fausses organisations sociales qui pullulent, et dont le principe réside, je le sais, dans le problématique besoin d'une régénération cherchée sans en connaitre les éléments. Qu'on le
sache donc, les droits de l'homme, droits qui reposent dans
les facultés et sentiments créés dans l'homme, ont donné naissance à la souveraineté du peuple, pour en avoir la garantie,
et c'est cette souveraineté qui soulève des questions qui lui
sont contraires! Inconséquence inqualifiable, si elle n'était le

fait de cette ignorance qu'on peut appeler, de second ordre, c'est-à-dire qui s'ignore elle-même.

Voici en quoi consiste, quant au fond, l'idéal de l'enseignement. A chaque époque, il y a une partie de cet idéal qu'il faut atteindre en vue de l'idéal absolu; partie qui doit être conforme au but de chacune des époques de l'humanité évolutive. On voit déjà la corrélation qui s'établit entre l'éducation à donner, et le but qu'il s'agit de réaliser. Dans le passé, cette corrélation s'est parfaitement accomplie : les buts étant fixés, les moyens de concourir à leur établissement s'y pliaient comme de nature. Mais, aujourd'hui que l'humanité ne connaît pas son *but*, l'éducation flotte dans ce vague ou cette indétermination dont tous les projets sont empreints, à savoir, si c'est la religion qui prédominera sur la philosophie ou l'université, ou la philosophie sur la religion ou l'Église, ou même si ce sera leur concours parallèle qui devra en fixer la loi nouvelle. Or, en nous fondant sur la *philosophie de l'histoire*, qui, en assignant les buts ultérieurs de l'homme, devient la règle des moyens de les accomplir, nous trouvons, pour notre époque présente, le but de trouver le *bien* sur la terre par la religion, et le *vrai* sur la terre par la philosophie. L'éducation devra donc, pour l'accomplissement de son actuel but spécial, rencontrer, dans ce double signalement, les véhicules qui l'y doivent conduire. Resterait à savoir, puisque la religion doit réaliser le bien parmi les hommes, si l'Église et ses membres consacrés devraient concourir à l'éducation pour atteindre son but. Nous nous empressons de répondre que non, nous fondant sur ce que la religion ne présente toujours et encore la réalité du bien que comme un *problème*. L'Église a, pour ce haut enseignement problématique, ses chaires religieuses qui lui doivent suffire, jusqu'à ce que, par la solution de ces problèmes, à l'aide de la philosophie, elle leur ait donné, en l'acceptant d'elle, le caractère du *vrai* qu'ils n'ont pas. Jusque-là l'Église doit être repoussée *absolument*

8

dans ses prétentions à diriger l'éducation, qui doit être ré-
servée à *l'État seul* (par ses universités), toujours suffisamment conscient du but de l'humanité. Tout au plus, et comme
une œuvre de la charité, dont le principe ressort uniquement
de l'Église, celle-ci peut-elle, mais sous la surveillance expresse de l'État, se charger de l'instruction primaire, partie de
celle que la science appelle *l'instruction mondaine*, consistant
à enseigner la lecture, l'écriture et le calcul ? — Le but actuel de
l'éducation consiste donc dans la création du bien et du vrai
absolus, par une *loi du progrès* vers ces deux réalités : double création qui serait préparatoire du but final de l'éducation
qui résiderait dans *l'assimilation* de l'éducation propre à chacun avec l'éducation de toute l'humanité, par le fait d'une
conscience absolue, correspondant à ses destinées finales.

---

*Que l'ordre matériel et moral de la France ne peut
subsister qu'à la condition soit d'une monarchie héréditaire, soit, au moins, d'une Présidence à vie.*

PROPOSITION PARLEMENTAIRE.

Les révolutions se succèdent ou sont susceptibles de se
succéder en France comme les mois. Cette exagération logique ne descendrait-elle pas à l'état d'assertion vraie, si la ver-
satilité des partis politiques, d'accord avec l'absence de leurs
lumières, réalisait chacun de ses vœux, à l'aide de la force
(brutale) toujours digne compagne des révolutions? A ce propos, le lecteur me permettra bien deux courtes et préambulaires observations. La première : Une révolution ne se fait
que quand le gouvernement, qui la subit, par sa chute, a déjà
effectué cette révolution encore couverte, par absence de

satisfaction à un nécessaire but postulé. Le peuple, qui se lève pour laisser tomber sa hache sur le fauteuil royal (heureux lorsqu'il ne s'attaque qu'au fauteuil), n'opère qu'affaire déjà consommée, avec accompagnement de victorieuses réjouissances publiques, toujours suivies d'un deuil trouvé dans l'impuissance de satisfaire encore au but postulé : véritable jeu trompeur de ce chimérique progrès prétenduement réalisé dans des chutes successives, comme si marcher c'était atteindre. C'est le Juif-errant qui est condamné à traîner son corps sur la terre souillée du sang (du Christ, et peut-être des rois, ces autres oints du Seigneur), jusqu'à ce qu'il ait trouvé la route de son chemin perdu, celui qui mène au calvaire; et que là, après avoir épuisé ses cinq sous traditionnels (autre image populaire de son impuissance), abîmé par la fatigue, il réclame, non plus en vain, la pitié, naguère refusée de son frère illuminé au miracle de la résurrection. — La deuxième : Le manque de lumières chez les Français n'est pas une accusation inexorable dont je les incrimine, car il ne tiendrait qu'à eux, sauf à se donner un peu mal à la tête, de participer à celles qui font la glorieuse auréole des fronts qui les partagent; c'est simplement un fait notoire que je constate. Doués d'un noble enthousiasme pour le bien, ils se croient ainsi suffisamment garantis de l'erreur, suivant cet adage populaire, que la *bonne intention justifie les moyens.* On pourrait les assimiler à ces diamants bruts auxquels la main humaine, par le fin acier trempé, n'a pas donné l'éclat qui resplendit toujours sur les couronnes exhaussées de nos rois. Natif diamant qu'il est, le Français, de belle et noble souche, il se figure qu'il n'a que faire de se dépouiller de son épais et obtus silex, et qu'il lui suffit de paraître pour briller. Image de ces *lumineux* éclats offerts par le socialisme et la réaction, tels qu'ils sont énumérés dans les notes qui précèdent, si mon lecteur attentif a bien voulu les observer, rappelant ces charlatans empiriques qui, sans connaître les principes de la constitution organique du corps humain, s'en vont, à l'aventure, lorsqu'il tombe malade, appliquer les remèdes qui tuent; heureux quand, fondés sur l'expérience hippocratique, analogue à l'art pratique de la politique des hommes d'État, ils laissent une vie mécanique, dépourvue d'essence spirituelle, à ce pauvre corps. — Mais venons au fait, et quittant ces enveloppes peut-être hyperboliques, prouvons le moins par le plus.

Les béliers du troupeau, dont les suivants figurent les moutons (de Panurge), qui, second et troisième, sautent le fossé, parce que premier et deuxième l'ont sauté, avancent la fameuse assertion de ce que, pour satisfaire au vœu révolutionnaire de 1848, une présidence gouvernementale est un anachronisme républicain dont il faut se passer; qu'une assemblée permanente étant suffisante pour législater, un ministère serait suffisant pour exécuter; que le ministère mobile comme la majorité législative, assimilerait, sans interruption et sans conteste, l'action à l'idée, la volonté à la pratique, et que de là, naturellement, s'ensuivrait la félicité publique, absente de troubles. Voilà le principe. — Posons ce principe et appliquons-en les conséquences à la position présente que nous supposerons (momentanément) dépourvue de son chef d'État, le Président de la République, ce roi sur lequel ont pivoté et pivotent encore tous les gouvernements du monde. Or, que nous présente la majorité de l'assemblée actuelle? une masse compacte de réactionnaires, qui, en vertu du susdit principe, momentanément adopté, vont constituer un ministère adéquate, purgeant tout ce qui, dans l'administration exécutive, militaire, judiciaire, universitaire, a caractère de socialisme; de sorte que la minorité du dedans, refoulée dans son mécompte, réagira au dehors pour soulever la nation, pas trop fleurdelysée, déjà prédisposée d'ailleurs, par l'instinct, à une rénovation encore problématique, et aboutira, en élevant des barricades, au prix de son sang, à une révolution socialisti-

que, qui remettra ès-mains de ses adhérents une majorité législative, et puis son adéquat ministère exécutif. Voilà le vent
tourné. — Ceux-ci vont paralyser la précédente action minis-
térielle par des remplacements socialistes, qui, à leur tour,
en procédant comme leurs devanciers, mais dans des vues
contraires, provoqueront une ardente opposition ; car la nation veut bien du mouvement dans l'espoir de trouver le but,
mais elle ne veut point l'atteinte à sa propriété et à sa famille.
Dès lors, une nouvelle révolution avec accessoires sanguinaires, qui remet tout en question dans une nouvelle majorité de nouveaux et plus violents réactionnaires. — Dans
cette nécessaire récidive, en admettant qu'on s'en tienne à
ces deux essais, comme suffisants critères du susdit principe,
l'armée est dissoute, d'esprit au moins, car elle ne sait plus à
qui obéir : elle a fait feu alternativement, sur le *pour* et sur le
contre ; la justice est anéantie, car sa balance a penché, tour
à tour, dans les deux plateaux, sans conscience ; la direction
est impossible ; plus de moyens, plus de buts, plus d'avenir,
même celui du lendemain, soit pour la spéculation de la vie
matérielle, soit pour celle de l'intelligence. Et la ruine du pays
est imminente. — Cette considération, le *plus* que j'avais à
envisager, qui, probablement, a été l'objet d'une délibération
législative, pour en repousser l'exagération, a pourtant laissé
transpirer un *moins* qui, pour n'être point immédiat, présente
un danger analogue consistant dans le périodique renouvelle-
ment constitutionnel de la présidence à la République. Voyons,
en effet. — Je suppose que le présent pouvoir exécutif, étayé
de la majorité réactionnaire, telle qu'elle nous apparaît, aiguise
de plus en plus les exigences excentriques de la minorité
législative ; que celle-ci, par ses écarts, débordant dans le
pays plein d'échos *moutonniers*, avec ses moyens habituels
(*ratio fallacia*), suscité visiblement et ténébreusement des
ennemis au pouvoir. L'échéance présidentielle arrivant, un
mouvement liberticide ne peut-il pas éclore, et produire, avec

nouvelle effusion de sang, une révolution illimitée, qui, de nouveau, remettra tout en question de rétablissement salutaire? — Mais, sous l'aspect accessoire de notre proposition, c'est trop raisonner pour les gens de bonne foi et de sain entendement; quant à ceux qui en sont dénués, le raisonner est chose superflue. — Passons à l'aspect principal.

Si mon lecteur, en pénétrant dans le précédent texte des conditions qui doivent conduire la France à son nouveau et dernier gouvernement, conditions dont la présente note n'est qu'un développement, a bien compris la situation problématique de la raison politique, au moment actuel de son évolution dans le monde civilisé, il n'y aura trouvé, en l'absence d'un but universel autour duquel tous les esprits pourraient converger, qu'un simple postulat qui s'exerce dans tous les rouages excentriques, même dissolvants, que nous avons passés en revue. Pourtant la raison humaine n'est pas prédestinée à ce jeu sanglant des révolutions, ou au jeu dérisoire, vraie mystification du Créateur envers sa créature, d'un cliquetis de systèmes, tous plus stupides et plus risibles les uns que les autres : ceux des réactionnaires rétrogrades aussi bien que ceux des socialistes *avancés*. Un but universel, au milieu de ce conflit dangereux, doit nécessairement se dessiner. Et nous l'avons signalé, comme un développement progressif du passé en faveur du présent, dans l'identification dans la souveraineté rationnelle, des deux souverainetés, qui, jusqu'à ce jour, ont gouverné le monde, la souveraineté morale et la souveraineté nationale. C'est donc ce but que l'humanité, et particulièrement la France, pour le donner à tous les peuples, est appelée à accomplir pour son dernier destin politique. — Or, et en vue d'aborder péremptoirement l'objet de la présente note, à savoir que l'ordre ne peut exister qu'à la condition d'un règne héréditaire ou au moins à vie, qui puisse persévérer, sans relâche, dans l'obtention de ce but, il nous convient de soumettre cette condition d'ordre et de marche progressive, d'une part, au statut constitutionnel qui temporise si étroitement le règne présidentiel, en vue d'en montrer l'impuissance; et d'autre part, à la nécessité d'une immédiate révision constitutionnelle, pour, en élargissant ce statut intempestif, en revendiquer les vraies fins efficaces, celles de l'ordre postulé que prétendent invoquer tous les partis politiques. Eh bien, je le demande à tous les gens doués, non pas d'une raison transcendante, mais du simple bon sens, et surtout à leur bonne foi, que peut le pouvoir exécutif en vue de l'ordre, et même l'Assemblée, en vue des lois qui pourraient y conduire, sous le régime actuel de nos divisions, empreintes de manque de savoir pour la législation, d'absence de respect pour l'autorité, d'éloignement de concorde pour la paix, de privation de justice propre pour les intérêts, et surtout de prédilection pour ce positivisme, présenté comme l'apogée de la civilisation, sous l'aspect de *la vie naturelle*, comme *bien suprême*, avec libre recherche de motifs matériels pour en jouir; sous l'aspect de *l'intérêt*, comme moteur principal de la vie, avec droit politique de le trouver par tous moyens; sous l'aspect de la *vie surnaturelle*, qu'il ne faut considérer que comme promesse illusoire, bonne pour les âmes craintives; sous l'aspect de *sciences*, comme moyen spéculatif du susdit but matériel de la vie; enfin, sous l'aspect de la *philosophie*, ceux seulement utiles à guérir de la susdite illusion trompeuse d'une autre vie; toutes réalités qui, ainsi considérées, réduisent l'homme à l'état d'animal? — N'y a-t-il pas lieu, dans ce triste état de choses, où la puissance (potentialité), quand même elle existerait, ne pourrait exercer ses bienfaits dans la limitation de sa précaire durée, à conclure, ainsi que nous l'avons dit plus haut, que l'ordre, lors même qu'il serait commencé par le pouvoir, ne pourrait, sous l'influence de la fluctuation inhérente à notre fondamental vice constitutionnel, avoir la perpétuité de son initiative? Sous ce rapport, il est donc prouvé nécessairement que l'ordre, que je

présume postulé par tous les partis, ne peut être réalisé sous
le régime du susdit statut limitatif. — Voyons maintenant,
puisque ce régime limitatif est constitué insuffisant en vue
de l'orde postulé, si, en vue de le réaliser par une marche progressive vers le but propre à l'établir, les conditions de possibilité pourraient exister dans une révision illimitée du susdit statut constitutionnel. — Il doit, d'abord, être constaté
que, pour fonder l'ordre qui n'est qu'une conséquence, il en
faut trouver les raisons comme principes. Or, le principe de
l'ordre nouveau, puisque tous ceux connus dans le monde
jusqu'à ce jour sont déclarés insuffisants par nos incessantes
réclamations révolutionnaires, ne saurait consister ailleurs
que dans notre susdite identification. Il faut bien convenir de
ce point de départ. Cela étant effectivement convenu, de bonne
foi, est-ce une durée présidentielle de trois ou quatre ans, au
milieu des perplexités antinomiennes de notre raison politique, qui pourra permettre la direction difficile vers le principe
de l'ordre? Le pouvoir, dira-t-on, ne prélude point à cette direction. Mais, qu'en savez-vous? Est-ce au milieu de la pa-
ralysie dont vous l'accablez, en lui enlevant toutes ses facultés
spontanées, pour ne lui laisser que celles qu'il affecte à sa propre défense, que vous pouvez être justifiés dans votre présente et négative assertion? Eh bien! s'il ne dirige pas, di-
rigez vous-même, dans la libre jouissance de vos droits, et
dans la spontanéité de vos actuelles lumières ci-présentement
acquises, vers le principe de cet ordre. Montrez au pouvoir
la voie qu'il doit suivre; et les véhicules pacifiques dont vous
vous servirez, ne lui enlevant pas ses forces actives, lui laisseront la faculté de les scruter, puis de les appliquer. Un gouvernement doit toujours réaliser le vrai et le bien postulés par
sa nation; mais il faut qu'elle demande avec ce double caractère. Si c'est pour l'État un devoir, car le contraire serait un
crime de *lèse-nationalité*, de réaliser les vœux d'une nation,
quand ils portent ce double stigmate du vrai et du bien, le de-

voir d'une nation, à son tour, car le contraire serait un crime
de *lèse-moralité*, est de présenter ses vœux empreints de ces
deux images de Dieu. — La limite d'un court règne, ainsi
que l'impose notre prestation constitutionnelle, est donc en-
tachée d'une impuissance préjudiciable aux intérêts de la nation, en supposant que ce soit elle qui porte l'étendard du but
pour le faire agréer au pouvoir, tout autant qu'aux augustes
prétentions du pouvoir, en supposant que ce soit lui qui en
poursuive la direction. Dans l'un et l'autre cas, elle est, cette
limite, une actuelle atteinte aux desseins du Créateur en faveur
de l'humanité. — Prouvons encore cette impuissance constitutionnelle par les moyens difficiles de cette direction vers le
but postulé en vue de l'ordre, auquel tous les partis prétendent
donner leur adhésion. — Dans le passé, tout s'accomplissait
d'un accord universel; tous les hommes voulaient le bien-être
matériel, et pour l'obtenir, ils mettaient en jeu leur faculté du
sentiment physique qui le réalisait. Ils voulaient garantir ce
bien-être par une sanction morale, et la *cognition pratique*
réalisait le devoir qui l'impose. Une sanction supérieure eût
agrandi la sphère de plus hauts besoins de l'homme, et le
sentiment religieux y pourvoyait par un refuge en Dieu ré-
munérateur. Le savoir de l'homme voulut participer à ces
grandes conquêtes pour en consacrer l'existence rationnelle,
et la *cognition spéculative*, en préludant à la réalité péremptoire de toutes choses, donnait des bases, déjà irréfragables,
aux buts réalisés. Mais aujourd'hui, la raison, dans son antinomie, caractérisée par les faits dont nous sommes les témoins
et les pénibles victimes, implique l'absence d'un but universel, puisque, tout d'abord, nous en trouvons deux, celui des
réactionnaires et celui des socialistes (langage du jour). Et
cependant, cette dualité qui aboutit à l'hostilité sans merci ni
grace, postule l'unité. Pour y conduire, il faut prendre les
errements nécessaires. Il faut les introduire, ces errements,
chez les hommes, d'abord, en vue du but final de l'État; celui

de l'identité, il n'en saurait être d'autre, par de nouvelles institutions adéquates, de *sûreté morale*, juridique et éthique, pour la liberté des actions et la pureté des maximes, et de *sûreté pragmatique*, économique et littéraire, pour l'obtention du bien-être corporel et du bien-être spirituel, double sûreté dont la Providence a mis dans l'homme le besoin. Ensuite, en vue des moyens de l'État, il faut les produire, ces moyens, par d'égales institutions élargies, sous le rapport *moral*, en statuant sur une éducation directrice des hommes vers le but, et en les répartissant politiquement pour l'accomplissement du but ; sous le rapport *pragmatique*, industriellement, en laissant développer, sous des conditions d'un libre équilibre entendu, les travaux de toutes sortes, équilibre qui, soit par le fait des socialistes, ne saurait être rompu au préjudice de la propriété (travail accumulé), soit par le fait des réactionnaires, ne saurait être rompu au préjudice du prolétariat (travail salarié) ; en finance, en créant les stricts et nécessaires revenus fiscaux qui coïncident avec la prospérité publique ; enfin, littérairement, en déterminant l'idée, pour que les hommes en perçoivent l'efficace. — Devant ces magnifiques et difficiles prétentions offertes par le problème du but proposé à notre époque présente, en vue de le résoudre pour l'ordre postulé, que peut, pour les hommes et pour le pouvoir, le règne présidentiel limité par la constitution de 1848 ? Il y a donc lieu à conclure au rétablissement, par une sage et prompte révision constitutionnelle, du règne prolongé d'une monarchie héréditaire ou au moins d'une présidence à vie. L'empereur Napoléon l'avait bien compris (1). — Que la

_____

(1) « Quand une nation, dit Montesquieu, ne peut plus se défen-
» dre par sa sagesse, sa justice, par la gloire des principales familles
» et la vertu des grands personnages, par la religion même, ni les
» institutions anciennes, il faut créer un dictateur. » — Cette consi-

France scrute donc, à la fois, et sa position problématique assignée par la Providence, en lettres divines, c'est-à-dire indélébiles, et son caractère national qui lui a constitué une période de quinze siècles de monarchie; et notre conclusion ne sera pas contestée, car les nationaux faits anthropologiques qui coïncident avec la tendance à un retour monarchique par une manifeste répulsion de la République, font aux Français une obligation morale, sinon de revenir à la *forme* du gouvernement d'un roi, au moins au *contenu* viable de ce gouvernement, vers lequel nous devons impérativement

---

dération se rapportait aux Romains, qui, dans leur établissement de l'état politique (non arrêté encore), avaient des ressources qui nous manquent, à nous, qui sommes régis par un état tout fait dans des chartes *écrites*. Toutefois, lorsqu'on ne *peut* le créer, ce dictateur, il faut qu'il surgisse lui-même des événements, mais armé convenablement, pour l'époque où il faut commander, des forces et des conditions qui le fassent réussir. Ainsi fit Bonaparte. Il fit plus. Une fois qu'il fut pénétré de ses grandes vues réformatrices, celles qui coïncident avec le progrès vers notre grand but signalé, il sentit qu'un court règne était insuffisant pour les faire germer. Du consulat à vie, il se donna l'empire héréditaire, et la sage nation consultée, comme si elle eût participé à son auto-biographie politique, celle dont il faut voir les détails dans le *Secret politique* de ce grand homme, l'acclama par près de quatre millions de voix, presque l'unanimité des votants. — Il aura bien mérité du pays, et du monde civilisé, et de la postérité qui lui en tiendra compte, celui qui, sous l'influence des considérations de cette note, parmi nos législateurs de l'Assemblée de 1850, présumant que l'ESPRIT du chef de l'hérédité existe dans le successeur pour en vouloir l'application, apportera, en réduisant au silence et stupéfiant les stupides, silence et stupéfaction, « dont il faut profiter, » dit encore Montesquieu, apportera, dis-je, la proposition, qui fait l'objet de la présente question, à savoir, que *l'ordre ne peut exister qu'à la condition d'une monarchie héréditaire, ou au moins d'une présidence à vie.*

converge avec les attributions dont, aussi impérativement,
nous devons revêtir son chef, à savoir, de MAJESTÉ, pour désigner sa suprématie au-dessus de toute action humaine,
d'INVIOLABLE, pour garantir son indépendance de toute responsabilité humaine, et d'AUGUSTE, pour lui laisser sa libre
faculté d'amplification spéculative et morale de l'humanité. Et
alors, seulement alors, nous rentrerons dans le solidaire état
normal de l'Europe, à savoir que la France, postulant l'établissement de la *loi suprême* de l'État, ne sera point un obstacle au
développement du *dogme suprême* de l'Église, que l'Allemagne, sous ses augustes rois, et comme résultat de ses lumières,
doit donner comme règle de réunion de toutes les Églises : loi
suprême des États, dogme suprême de l'Église, que la Russie, avec ses 80 millions de peuples slaves, encore vierges de
tous précédents sociaux, par elle-même et par le prochain
protectorat du puissant czar, Nicolas I⁰, déjà pénétré de son
haut destin, sous la triple couronne de l'héroïsme antique, de
la piété chrétienne et de l'intelligence moderne, que la Russie, dis-je, est appelée à garantir pour en faciliter l'initiale en-
treprise, et pour en faire obtenir, en y participant elle-même,
les résultats derniers, la glorification de l'humanité sur la
terre. A moins que si la France persiste dans ses aberrations,
la Russie ne fasse d'elle ce que dit Montesquieu (comme pour
notre situation), à propos de Rome et des barbares qui l'ex-
terminèrent : « Par l'événement du monde le plus extraordi-
» naire, Rome avait si bien anéanti tous les peuples, que lors-
» qu'elle fut vaincue elle-même, il semble que la terre en eût
» enfanté de nouveaux pour la détruire. »

ÉPILOGUE.

Et j'étais toujours sous la perplexe influence qui me dominait en commençant cette publication, à savoir que les lumières rétrécies des passionnés partis politiques, dans leur antinomie si profondément caractérisée aujourd'hui, seraient un obstacle à l'efficace de mes conditions de salut. — Je viens d'acquérir la preuve contraire, et c'est avec joie que je clôture le présent opuscule par la narration suivante, à la vérité de laquelle je prie mon lecteur d'accorder pleine et entière créance.

Il est une maison du noble faubourg Saint-Germain, où périodiquement je vais rendre mes devoirs de courtoisie. Là, s'y trouve compagnie choisie, où se propagent et s'entretiennent les relations élevées de l'esprit, celles qui, par la culture du beau, sous ses formes variées, se produisent pour charmer la vie, mais dont la Providence sait tirer, au profit des hommes, quoi qu'à leur insu, un fruit salutaire par l'incessante exhibition de la haute faculté du *sentiment*, sans lequel, et s'il devait jamais s'éteindre en l'homme, nul problème ne serait plus donné à l'investigation de sa raison. — Or, dans cette réunion nombreuse d'hommes de diverses nuances politiques, de dames charmantes, plus propres à faire sacrifier à leurs grâces, qu'aux conversations, toujours contestées, de la politique, la question du jour, celle des élections du 10 mars, fut jetée sur le tapis, et débattue, dans les deux sens opposés, par un socialiste (démocrate) et par un réactionnaire (aristocrate), tous deux membres de l'ex-chambre des députés. — Dieu sait les efforts qui furent mutuellement échangés, et les argumentations qui furent respectivement produites pour que l'âme de l'un fût rendue à l'avantage de l'autre. Impossible; les champions ne cessèrent de combattre qu'à défaut des armes nécessaires. — Un interlocuteur se leva, et dit : Nous voilà revenus au point de départ; mieux eût valu ne point nous faire partir, que de nous faire voyager si mal. — Un autre m'apostrophant : Vous, Monsieur, qui n'avez cessé de sourire, comme par pitié, devant une déclamation si oiseuse, que concluez-vous de cette lutte où, faute d'issue, nos combattants, demain, reprendront leurs armes avec la restauration de leurs forces épuisées? — Le gant m'était jeté si directement, et le moment me semblait si opportun de faire l'essai de ma doctrine, en vue de calmer mes scrupules, que, demandant l'attention de mes auditeurs, j'exposai, autant didactiquement que l'improvisation peut le faire, la théorie de mes moyens. Je m'abstiens de dire l'effet imposé. Mon socialiste baissa la tête et ne répliqua point. Mon réactionnaire, comme pour l'honneur de ses nobles ancêtres, voulut encore lutter; mais sa lance et sa mousqueterie étant brisées, il demanda grace. Au même instant, M.*** ancien pair de France, dit un mot à l'oreille de la gracieuse dame de la maison, qui, après avoir sonné, donna des ordres à un domestique avec lequel se retira M.***. — Une demi-heure après, pendant laquelle la jeune et agréable madame Claire W..., interprète du célèbre *maestro* Moréna, qualifié *grand* par et parmi ses pairs, et le célèbre violoncelliste Offenbach, que tout Paris a entendu, nous avaient joué le trio en *si bémol* de l'immortel Beethoven, rentra l'ex-pair de France, une feuille de papier à la main, dont il demanda à faire la lecture : ce qui lui étant accordé, il porta la parole en ces termes :

« Je prends les deux partis politiques, tels qu'ils se présen-
» tent aujourd'hui dans leurs écarts extrêmes : un partisan de
» la *liberté* (un socialiste), et un partisan de la *nécessité* (un
» réactionnaire) (1). Dans cette extrême conjoncture réelle,

---

(1) Donnons ici, comme nous l'avons fait à la page 66, par rapport à la signification du vrai et du bien, une courte interprétation

» du côté de mon socialiste, son principe de liberté le con-
» duira, sous des règles (je veux l'admettre) d'intérêt bien

claire de la *liberté* et de la *nécessité*, selon la philosophie, dont la
fonction est de remonter à tout principe premier pour construire
son échaffaudage irrésistible. — Or, pour cela, disons que tous les
Êtres de la création sont pénétrés de ces deux éléments primordiaux,
par lesquels ils participent du Créateur. Il faut bien que cela soit,
sinon l'ouvrage ne ressortirait pas de l'ouvrier. — Ainsi, dans la nature inerte (pour la distinguer de la nature libre), telle que l'eau, la
terre, l'arbre, le fer, etc., ces deux éléments prennent, selon la
science, une dénomination différente, mais qui compète, à un degré
inférieur, à nos deux spécifications, à savoir que, du côté de la nécessité, il se nomme élément *planétaire*, comme base mécanique,
sur laquelle puisse s'appuyer, du côté de la liberté, l'élément *hyléïque*, qui est la qualité chimique ou la disposition intime (propre) de
la nature quelconque de la manifestation d'un Être. C'est par un progressif enchaînement (*sine saltum*) des Êtres, dans leur généralité,
avec leurs caractéristiques et susdits éléments, hyléïque et planétaire,
que la création s'est développée dans toutes ses apparitions du monde,
en passant, de plus en plus, *sine saltum*, d'un être ou degré inférieur, à un être ou degré supérieur, jusqu'au point d'apparaître enfin,
par un accord final entre ces deux susdits éléments portés au degré
nécessaire, sous l'aspect de nature organisée, douée de vie, où dès-
lors ces éléments prennent, chez le plus élevé, l'homme, la dénomination de *liberté* pour désigner sa spontanéité (savoir), et de *nécessité* pour en régler ou en constituer l'existence (l'être). Ainsi, dans
la nature inerte et libre, la terre ne peut *créer* qu'en raison du principe hyléïque (calorique) que comporte son support planétaire (mécanique); l'arbre, de sa cime, dans sa croissance, ne peut atteindre
le ciel; il est dit à la mer : tu n'iras pas plus loin; l'animal ne saurait
jamais changer son règne d'*instinct* pour passer à celui de la rationalité. A l'homme seul est dévolu, par la progressive formation vitale
d'une puissante fibrine cérébrale, indéfinie dans sa virtualité de développement, en raison des Êtres dont il lui est accordé de prendre
conscience à l'aide de ce support matériel de l'intellect, le don d'une

» entendu (nécessité), à sauvegarder la liberté. Mais, comme
» des règles de ce genre n'ont pas de bases inextinguibles,

---

liberté et d'une nécessité sans limites : don hyperphysique à l'aide
duquel il s'attache des ailes (à l'exemple du mythe antique resté
comme indice de la puissance indéfinie que le temps et le mérite doivent réaliser), pour saisir le feu du ciel et le descendre sur la terre,
en vue d'en faire jouir les bienheureux habitants. Mais, pour atteindre
cette suprême et dernière borne, en apparence infranchissable, une
nécessité vient, sans cesse, paralyser les libres tentatives, toujours
et encore vaincs dans leurs insuffisantes manifestations, en vue, à la
fois, de n'en point compromettre l'efficace potentialité, et d'en faciliter l'exhibition.—De même que la nécessité, d'accord avec la liberté,
dans l'ordre philosophique, produit la découverte de la vérité, à des
degrés incessamment progressifs qui se manifestent d'un côté, par la
liberté dans le savoir (raison), et de l'autre, par la nécessité dans l'être
(destin) ; de même, dans l'ordre politique, sage régulateur de la vie
temporelle pour l'acquit de la vie éternelle (celle de pouvoir s'empa-
rer du créateur feu céleste, destination de l'homme compétent à son
Créateur, qui fut libre dans sa rationalité créatrice, et limité dans sa
création rationnelle), la nécessité, parallèle à la liberté, qui se trouve
dans les hyperphysiques *lois morales*, toujours coercitives à l'égal
d'un destin, mais toujours susceptibles d'un élargissement sans fin à
l'égal de la raison, ne saurait être méprisée ou méconnue sans tomber
dans l'abîme, l'analogue de ce mythique Icare qui, ne comptant qu'a-
vec son orgueil (liberté), périt dans l'espace ; l'analogue de la chute,
que nous fournit la révélation, dont nous portons les indices dans le
péché qui gêne tant nos flancs, péché dont nous ne saurions nous
relever par rien autre que par le mérite d'un accord toujours identique de la liberté (initiative) avec la nécessité (limitative), jusqu'à son entier développement, depuis l'ordre politique, comme sau-
vegarde, jusqu'à la découverte de la vérité dans tous les ordres de la
création : ce qui sera pour l'homme l'auguste amplification divine de
la création de tous les êtres, de celle de Dieu comme de la sienne
propre. — Après cette courte et philosophique explication, l'exposition politique qu'on vient de lire ou qu'on va lire, qui est encore

« car leurs racines ne sont pas profondes dans les lumières so-
» cialistiques, la liberté se manifestera sous l'aspect d'*illimi-*
» *tée.* C'est une conséquence nécessaire. De l'autre côté, dans
» mon réactionnaire, son principe de nécessité le conduira,
» sous des règles (je veux aussi l'admettre) d'action libre pour
» les buts postulés par la raison de l'homme, de manière, en
» ne gênant pas trop ses prétentions par la moralité ou néces-
» sité, que l'homme ne soit pas une sorte de statue à gaine à
» l'instar des momies de l'Égypte. Mais comme cette conces-
» sion de liberté pour l'action sera incessamment débordée
» par les circonstances d'en jouir, une nécessité s'imposera
» de plus en plus; de sorte qu'elle aboutira à se manifester
» aussi sous l'aspect d'*illimitée.* — Je raisonne ici conséquem-
» ment au principe respectif de nos deux susdits partisans. Je
» raisonne pour des principes qui, de nature, sont inflexibles.
» Et l'inflexibilité est tellement notoire, que le tempérament
» imposé par un gouvernement tel quel, n'est pas plutôt rompu,

---

un corollaire de tout l'ouvrage présent, peut maintenant être appré-
ciée dans toute sa vérité apodictique

Nota. — Sans sortir des bornes de la modestie, appliquons-nous
ces paroles de Bayle : « La plupart des savants ne sont propres qu'à
» cultiver les terres qui ont été défrichées. Ils peuvent applanir ou
» élargir un chemin que d'autres ont déjà fait. » — Il ajoute : « Quel-
» ques-uns, en petit nombre, peuvent défricher les terres les plus
» incultes, et faire une route dans les forêts où personne n'avait
» passé. » — Mon lecteur appliquera ces dernières paroles à l'homme
immortel que j'ai déjà nommé, de qui il peut être dit, avec le poëte
antique, que la Providence, en le formant d'une argile privilégiée,
lui a fourni un génie propre à produire les éternels travaux · *Quibus*
arte benignd et meliore luto finxit præcordia Titan (JUVÉNAL).
Et déjà n'avait-il pas dit de lui-même, comme Keppler : « Nous avons
» dérobé les vases d'or des Égyptiens, pour en former à notre Dieu
» un tabernacle loin des confins de l'Égypte. »

9

» à savoir le gouvernement du prudent Louis-Philippe, que
» les principes reprennent aussitôt leurs inflexibles allures,
» sous la face des socialistes, à la révolution de 1848, et sous
» la face des réactionnaires, devant le danger de leurs préten-
» tions. — Nonobstant le danger d'une telle situation, il ré-
» sulte de cette situation caractérisée, d'un côté, par une li-
» berté illimitée, et de l'autre, par une nécessité illimitée, que,
» quand l'une ne l'emporte pas sur l'autre, comme c'est préci-
» sément aujourd'hui où règne un quelconque tempérament
» régulateur, une pondération également illimitée s'établit,
» dont les effets négatifs consistent bien, il est vrai, à empê-
» cher l'engagement de la lutte par les armes, mais consistent
» aussi à empêcher, comme c'est le fait actuel, tout progrès
» ultérieur, de sorte que nous restons, sous le tempérament de
» cette trève, comme l'*âne de Buridan*, ne sachant se déter-
» miner ni pour le sceau d'eau, ni pour le picotin d'avoine, et
» de plus, avec l'abâtardissement des corps et des esprits, à
» l'instar de l'animal que ses facultés physiques (sa liberté) ne
» portent point au-delà (nécessité) de satisfaire les besoins qui
» en naissent. Voilà donc notre situation exactement établie.
» — Or, admettons, par hypothèse, qu'un homme éclairé par
» le développement rationnel qui a constitué, tels que nous
» les voyons et palpons à la fois, et notre réactionnaire et no-
» tre socialiste, s'en vienne dire à l'un et à l'autre : Ce que
» vous êtes séparément, je le suis simultanément. Votre li-
» berté et votre nécessité, opposées chez vous, je les possède.
» Elles sont chez moi en parfait équilibre; mais, par la pos-
» session que j'en ai, je paralyse leurs écarts, sans mettre
» obstacle à leur jeu progressif, et mes vœux, accomplis par
» vos deux principes, se trouvent conformes à ma raison. Que
» ne feriez-vous donc comme moi? car, et je vous le dis, vous
» affirmez ce que vous niez respectivement. Je m'explique :
» Vous, socialiste, avec votre liberté sans limite, vous voulez,
» selon votre principe, satisfaire votre caractère temporel de

» la terre. Je vous l'accorde sans réserve; et je vous dis, comme
» le Philosophe à Alexandre de Macédoine : et *Après.* — Vous
» serez satisfait, me répondrez-vous. — Non pas; votre liberté
» sans limite voudra plus que cette précaire satisfaction. Vous
» voudrez encore atteindre, car votre principe est virtuellement
» insatisfaisable. Après les choses de la terre, vous voudrez
» avoir les choses célestes. Nécessairement, vous en viendrez
» là, et dès-lors, en les abordant, vous aboutirez à la nécessité
» (dont le principe est céleste) de votre antagoniste; qui est
» un *destin absolu,* inextinguible. Élevez-vous donc, dès l'ins-
» tant, vers cette considération suprême ; votre tourmente vous
» en fait même un devoir impératif, que l'opiniâtreté de votre
» opposant, en ce qu'elle a de fondée, est d'ailleurs propre à
» éveiller en vous. — Vous, réactionnaire, vous voulez, avec
» votre nécessité sans limite, empêcher les écarts de la liberté
» dont vous redoutez les effets pour votre vie de la terre. Eh
» bien ! quand je vous accorderais que, par une modération qui
» imposerait tout frein à tous écarts, vous eussiez établi le rè-
» gne du bien sur la terre, vous croiriez-vous satisfait ? Non
» pas ; la considération de ce bien, pour en imposer la règle
» inflexible à tous écarts possibles, vous donnera l'attribution,
» en débordant le règne de ce monde, d'une virtualité insa-
» tisfaisable qui voudra en connaître le principe, et dès-lors,
» vous aboutirez à la liberté (dont le principe est céleste) de
» votre antagoniste, qui est un *Verbe* créateur inextinguible.
» Élevez-vous donc, dès l'instant même, vers cette considé-
» ration suprême. Votre tourmente, provoquée par l'irrésis-
» tible besoin fondé de votre antagoniste, vous en fait un de-
» voir impératif. — Or, et pour conclure, vous, socialiste,
» vous, réactionnaire, acceptez donc, à l'instar de ce que j'ai
» fait, le problème de possession dans votre moi absolu, du
» moi relatif qui vous manque : vous, réactionnaire, en ajou-
» tant le moi de la liberté à votre moi de la nécessité, et vous,
» socialiste, en ajoutant le moi de la nécessité à votre moi de

» la liberté. Et votre moi supérieur, absolu, à l'aide de cette
» possession qui vous fait défaut, par cette préparatoire har-
» monie, facilitera beaucoup la direction vers la rationnelle so-
» lution problématique de l'actuelle question politique qui,
» croyez-moi, en dehors de ces conditions, se présentera tou-
» jours sous les sanguinaires images des armes et des barri-
» cades? » — Puis, se tournant vers moi et m'apostrophant,
le noble homme du faubourg Saint-Germain s'écria, avec l'ac-
cent de la victoire : « Est-ce cela, maître? — Vous avez bien
» parlé; faites cela, et vous vivrez. *Recti loquisti, hoc fac et*
» *vives* (Saint-Luc). »

Un conservateur, jusqu'alors silencieux, prit la parole et
dit : « Comte, vous venez de reverdir la couronne de votre
» blason. — Dites : replanter l'arbre de notre légitimité, reprit
» le comte. — Comme *en-cas*, riposta un napoléonien; car,
» aujourd'hui, « dans ce monde, chacun est fils de ses œu-
» vres » (paroles de Napoléon, en 1807, à la municipalité de
Trévise, qui lui apportait la preuve de l'existence de ses nobles ancêtres dans cette ville.)

Il était une heure après-minuit, et le moment de la retraite
était arrivé. — J'entonnai, en route, le chant d'allégresse en
faveur de la France, qui, désormais, pouvait être sauvée; car
j'avais réduit au silence le *Rouge*, j'avais converti le *Blanc*,
dans la personne de l'ex-pair, et l'*Incolore* conservateur, cette
fois, avait adopté des principes. — Quant au *Bleu* (*beatus pos-
sidens*), il avait fait les prudentes réserves de la possession.
— Les trois couleurs, désormais unies, pouvaient flotter au
château (républicain, impérial ou royal) des Tuileries.

FIN.

TABLE DIDACTIQUE

DES MATIÈRES.

*b*5) Résultat du contenu, résumé dans le gouvernement constitutionnel (p. 29 à 39).

    *a*6) En fait :

    *a*7) Harmonie apparente (p. 29).

    *b*7) En réalité : désordres, révolutions. — Justice impossible; postulat inconnu (p. 30 à 33).

        *a*8) Il ne saurait consister dans la *République*, excluant la souveraineté morale (p. 30).

        *b*8) Il ne saurait consister dans la *Restauration*, excluant la souveraineté nationale (p. 30).

        *a*8, *b*8) Il ne saurait consister dans le *Juste-Milieu*, excluant tour-à-tour l'une et l'autre (p. 30 à 31).

  *b*6) En principe :

    *a*7) Éveil de la spontanéité créatrice de l'homme (p. 32 à 33).

    *a*8) Son caractère négatif. — *Antinomie* dans la raison (p. 33).

    *b*8) Son caractère positif. - *Identification* dans la raison, des deux souverainetés opposées, morale et nationale, (p. 36 à 39).

      *a*9) Postule :

        *a*10) Le règne de la raison (p. 36).

        *b*10) L'égalité sociale (p. 36).

        *a*10, *b*10) La garantie des droits de l'homme à ses destinées finales (p. 36 à 37).

      *b*9) Trouvée :

        *a*10) En philosophie, par KANT, qui y préludait (p. 38).

        *b*10) En politique, par NAPOLÉON, qui y préludait (p. 38 à 39).

    *b*7) Nécessité d'accomplir la solution du but problématique (p. 39).

    *a*8) Développement *virtuel* :

      *a*9) Moyens négatifs déjà existants — *Scepticisme social* (p. 39 à 42.

      *b*9) Moyens positifs à susciter (p. 42 à 49).

        *a*10) Principes :

          *a*11) Par le fait de la souveraineté morale, en pénétrant dans la conscience autonomique de la souveraineté nationale (p. 42 à 45).

          *b*11) Par le fait de la souveraineté nationale, en pénétrant dans la conscience hétéronomique de la souveraineté morale (p. 45 à 46).

        *b*10) Conséquences :

          *a*11) Initiale :

            *a*12) La souveraineté morale acceptera la philosophie autonomique de la souveraineté nationale. (p. 46 à 47).

*b*12) La souveraineté nationale acceptera la philosophie hétéronomique de la souveraineté morale (p. 47).

*b*11) Finale :

*a*12) Déduction :

*a*13) Introduction du *bien* dans la souveraineté nationale
par la souveraineté morale (p. 48).

*b*13) Introduction du *vrai* dans la souveraineté morale,
par la souveraineté nationale (p. 48 à 49).

*b*12) Conclusion. — Identification virtuelle des deux souverainetés, morale et nationale, dans une *souveraineté
rationnelle* (p. 49).

*b*8) Développement *réel* :

*a*9) Impossible par les facultés *créées* (par grace), immanentes
dans l'homme (p. 50 à 52).

*b*9) Possible par les facultés *créatrices* (par mérite), transcen-
dantes de l'homme (p. 52).

*a*10) Élément fondamental. — *Identité primitive*, etc. (p. 53).

*b*10) Éléments secondaires :

*a*11) Dans leurs caractères d'*indéfinis*.

*a*12) Pôles opposés :

*a*13) *Auto — souveraineté nationale*, par l'autonomie
créatrice de l'homme (p. 53 à 57).

*b*13) *Auto — souveraineté morale*, par l'hétéronomie créatrice dans l'homme (p. 54 à 57).

*b*12) Résultat. — Antinomie *indéfinie* (p. 57).

*b*11) Dans leurs caractères de *définis*.

*a*12) *Préalablement*.

*a*13) En ce qui concerne l'*influence réciproque* des deux
auto-souverainetés :

*a*14) Pour l'auto-souveraineté nationale. — Introduction du principe de *nécessité* de l'auto-souveraineté morale y fonctionnant, en vue de *spécifier
le vrai absolu*, dévolu à cette auto-souveraineté
nationale (p. 59 à 60).

*b*14) Pour l'auto-souveraineté morale. — Introduction
du principe de *liberté* de l'auto-souveraineté nationale, y fonctionnant, en vue de la porter à
créer le bien absolu, dévolu à cette auto-souveraineté morale (p. 60).

*b*13) En ce qui concerne l'*harmonie* entre les deux susdites auto-souverainetés, en vue de produire leur
identification (p. 61).

*a*14) Création d'un nouveau corps politique. — *Pou-
voir-directeur*, en vue de ladite identification
(p. 62 à 63).

*b*11) Création, dans l'absence de ce *pouvoir*, d'une *union d'hommes supérieurs* avec mission

    *a*15)·*Négative*, de réprimer les erreurs politiques (p. 62. Note).

    *b*15) *Positive*, de fixer et de résoudre les vraies questions politiques (p. 62. Note).

  *b*12) *Finalement*, en ce qui concerne l'identification :

    *a*13) Par le fait de l'auto-souveraineté nationale, qui, en remontant à l'élément fondamental, *l'identité primitive* (la *libre* souveraineté rationnelle) y découvrira la liberté ou le vrai, son principe, identifié avec la nécessité ou le bien (p. 63 à 70).

    *b*13) Par le fait de l'auto-souveraineté morale, qui, en remontant à *l'identité primitive* (la *nécessaire* souveraineté rationnelle), y découvrira la nécessité ou le bien, son principe, identifié avec la liberté ou le vrai (p. 61 à 70).

 *b*1) La France aura ainsi accompli son destin (p. 69 à 70).

b) Le *contenu* du gouvernement de *l'identité* constituera désormais le caractère politique et inaliénable des Français, donné en imitation au monde entier, en raison de son développement progressif vers cette identité (p. 70).

D) Conclusion : La République de 1848 ne répond point au but postulé des Français.

a) Exclusion de la souveraineté morale (p. 70 à 72).

b) Provocation à tous les systèmes excentriques par l'exclusive souveraineté nationale (p. 72).

IV) POST-SCRIPTUM (p. 73 à 75).

V) APPENDICE (p. 76 à 124).

  a) Note sur la *Charité* (p. 76 à 85).

  b) Note sur l'*Organisation du Travail* (p. 85 à 101).

  c) Note sur les *folles prétentions des Réactionnaires et Conservateurs* (p. 101 à 105).

  d) Note sur le *Droit au Travail* (p. 105 à 110).

  e) Note sur l'*Enseignement*, à propos du *Discours de M. V. Hugo* (p. 110 à 111).

  f) Que *l'ordre ne peut subsister*, etc. (p. 111 à 124).

VI) ÉPILOGUE (p. 125 à 132).

FIN DE LA TABLE DIDACTIQUE.

Imprimerie de KLEFER, place d'Armes, 17, à Versailles.

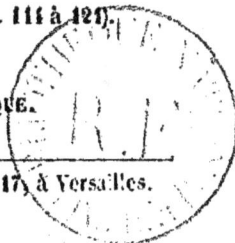

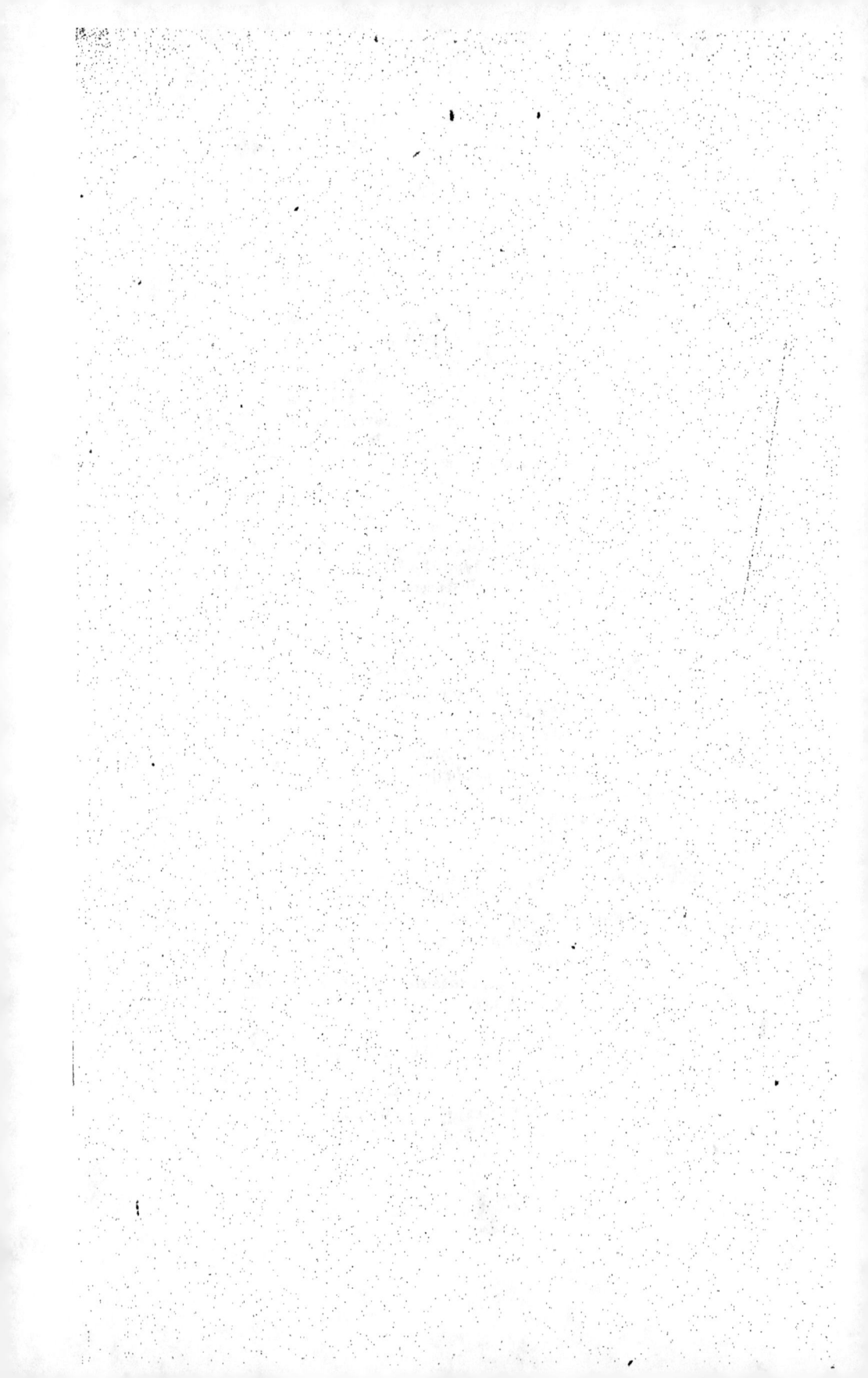

www.ingramcontent.com/pod-product-compliance
Lightning Source LLC
Chambersburg PA
CBHW070810290326
41931CB00011BB/2184